集人文社科之思 刊专业学术之声

集 刊 名：会计论坛

主办单位：中南财经政法大学会计研究所

本辑责任编辑：冉明东

ACCOUNTING FORUM Vol.20, No.2, 2021

编　　辑　《会计论坛》编辑部

电　　话　（027）88386078

传　　真　（027）88386515

电子邮箱　kjltzuel@foxmail.com

通讯地址　中国·武汉市·东湖高新技术开发区南湖大道 182 号
　　　　　中南财经政法大学会计学院文泉楼南 607 室

邮政编码　430073

第 20 卷，第 2 辑，2021 年

集刊序列号：PIJ-2019-411

中国集刊网：www.jikan.com.cn

集刊投约稿平台：www.iedol.cn

中国社会科学引文索引（CSSCI）来源集刊

中国学术辑刊数据库（CNKI）入选辑刊

会 计 论 坛

ACCOUNTING FORUM

第 20 卷　第 2 辑　2021 年　／　Vol.20, No.2, 2021　／　（总第 40 辑）

中南财经政法大学会计研究所　编

ACCOUNTING INSTITUTE

ZHONGNAN UNIVERSITY OF ECONOMICS AND LAW

社会科学文献出版社

SOCIAL SCIENCES ACADEMIC PRESS (CHINA)

第 20 卷，第 2 辑，2021 年

Vol. 20，No. 2，2021

会 计 论 坛

Accounting Forum

目　录

第 20 卷，第 2 辑，2021 年

Vol. 20, No. 2, 2021

会 计 论 坛

Accounting Forum

CONTENTS

第 20 卷，第 2 辑，2021 年

Vol. 20，No. 2，2021

会 计 论 坛

Accounting Forum

减值类关键审计事项沟通增强了
会计稳健性吗？*

吴秋生　　江雅婧

【摘　要】为增加审计报告的信息含量，2016 年 12 月我国正式实施审计报告改革。基于此背景，本文选取 2016 年 A + H 股和 2012 ~ 2019 年沪深 A 股上市公司作为样本，围绕减值类关键审计事项沟通，分析检验了其对会计稳健性的影响。研究发现，对减值类关键审计事项进行沟通有助于增强会计稳健性。进一步研究发现，沟通的数量越多，沟通的金额越多，会计稳健性越强；同时，高风险的减值类关键审计事项沟通，相较于低风险的减值类关键审计事项沟通，更能增强会计稳健性。另外，本文还采用倾向得分匹配 – 双重差分法和替换变量衡量方式检验了结论的可靠性。本文研究的贡献在于，从影响因素视角对会计稳健性研究进行了拓展，为新审计报告准则实施的政策效果提供了经验证据。

【关键词】审计报告；减值类关键审计事项沟通；会计稳健性

收稿日期：2021 – 07 – 07

基金项目：国家自然科学基金面上项目（71872105）

作者简介：吴秋生，男，博士，山西财经大学会计学院教授；江雅婧，女，山西财经大学会计学院博士研究生，237820133@ qq. com。

* 作者感谢匿名审稿人对本文的宝贵意见，但文责自负。

一、引言

审计报告是审计过程与结果的表达形式,对财务报表使用者了解企业经营情况和财务信息发挥着重要的作用。随着市场经济的飞速发展,传统的审计报告模式已经无法满足相关财务报表使用者的需求,他们需要从审计报告中得到更多有用的信息,对审计报告所包含的信息量提出了更高的要求。2015 年 1 月,国际审计与鉴证准则理事会(IAASB)正式颁布新审计报告准则《国际审计准则第 701 号——在独立审计报告中沟通关键审计事项》,该准则对关键审计事项的判断与沟通予以规范。2016 年 12 月,财政部发布新审计报告准则。其中《中国注册会计师审计准则第 1504 号——在审计报告中沟通关键审计事项》指出,注册会计师应当将其在审计中所识别出的关键审计事项在审计报告中专门列示,同时还要对关键审计事项的确认及应对措施进行如实阐述。修改后的审计报告准则,使审计工作的透明度得到了很大提升,充实了审计报告所包含的内容,有助于相关使用者更加全面地理解财务报表,对相关使用者阅读审计报告发挥着导读和提醒的作用(唐建华,2015)。

新审计报告准则分阶段实施,2017 年 1 月 1 日在 A + H 股公司中率先执行,2018 年 1 月 1 日在上市公司中全面执行。该政策在国内全面实施的时间刚满两年,故当前学术界对该政策执行效果的研究相对较少。路军和张金丹(2018)以率先执行新审计报告准则的 A + H 股上市公司作为研究对象,对关键审计事项的相关信息以及新审计报告准则的执行情况进行了分析。从种类上看,注册会计师在审计过程中所识别出的关键审计事项主要包括各类资产减值、收入确认、结构化主体的合并、公允价值计量、合并及会计处理等(王丽、田野和范明华,2018)。其中,资产减值测试通常会涉及管理层的重大判断,且具有一定的复杂性。上市公司在计提所发生的资产减值时,往往会存在避免亏损、“大清洗”、平滑利润等盈余管理行为(赵春光,2006;罗进辉、万迪昉和李超,2010)。近年来,学者针对审计报告中关键审计事项的相关情况进行研究,发现资产减值类事项占全体关键审计事项的比重较大(路军和张金丹,2018;吴秋生和独正元,2018;吴溪、范昱江和杨育龙,2019)。因此,本文以审计报告改革为背景,基于减值类关键审计事项沟通的角度进行研究。

本文研究的创新之处在于以下两个方面。其一,在研究视角方面,从关键审计事项的大类中选取其中最重要的、占比最高的——减值类关键审计事项,研究其沟通对会计稳健性的影响,不同于已有文献大多基于公司治理、制度环境、产权性质、股权结构、审计等视角来研究其沟通对会计稳健性的影响,评价视角更具综合性。其二,在研究方法方面,新审计报告准则实施的时间较短,国内学者大多从理论层面对减值类关键审计事项沟通的后果进行分析研究,或者对关键审计事项进行简单分类统计,鲜有学者将理论分析与经验数据相结合进行研究，本文将理论分析与经验数据相结合，使用倾向得分匹配法、多元线性回归分析法来研究减值类关键审计事项沟通对会计稳健性的影响。

基于上述分析，本文以审计报告改革为背景探讨新审计报告准则实施的政策效果，围绕审计报告中的减值类关键审计事项的沟通情况，从是否沟通、沟通的数量、沟通的金额、沟通的内容四个角度出发，采用倾向得分匹配法和多元线性回归分析法实证检验减值类关键审计事项沟通对会计稳健性的影响。在丰富了会计稳健性影响因素的相关研究的同时，为增强上市公司的会计稳健性提供了新的思路，也为政府等相关部门维持市场稳定、继续推进该政策的实施提供了依据。

二、文献回顾与假设提出

（一）关键审计事项沟通的后果

关键审计事项作为审计报告历史上的新事物，近年来引起了学者们的关注。审计报告准则指出，注册会计师根据自身职业判断认为对本期财务报表审计最为重要的事项称为关键审计事项。当前学术界关于关键审计事项的研究基本可以分为两类：一类是基于关键审计事项披露的角度，另一类是基于关键审计事项沟通的角度。

1. 关键审计事项披露

关于关键审计事项披露，学术界大多从财务报表使用者和审计师角度出发进行研究。

基于财务报表使用者角度，学者研究发现，关键审计事项的披露能够充分发挥审计报告的有用性（Reid，Carcello and Li et al.，2016），不仅使得投资者对该公司投资的风险感知降低，投资意愿上升（张继勋和韩冬梅，2014）；还能促进公司管理层与审计师的沟通意愿增强（张继勋、蔡闯东和刘文欢，2016），改善审计质量（Reid，Carcello and Li et al.，2016）；更能增加审计报告的沟通价值，且这种影响在经国际"四大"会计师事务所审计、审计投入多以及客户重要程度高的上市公司中更加显著（王艳艳、许锐和王成龙等，2018）。此外，关键审计事项的披露还能使上市公司的债务成本降低，其审计报告中所蕴含的信息含量增加，进而促进财务报表使用者决策的相关性和有用性增强（郭艳萍和胡继永，2020）。也有学者认为，关键审计事项披露会降低公司相关财务报表账户的可信度，使实验参与者感知的审计质量下降（Sirois，Bédard and Bera，2014），削弱投资者对该公司的投资意愿（Christensen，Glover and Wolfe，2014），降低投资者对审计师的责任感知（张继勋和韩冬梅，2014）。还有学者认为强制披露关键审计事项对审计报告信息含量的增加并没有起到相应作用（Lennox，Schmidt and Thompson，2015）。

基于审计师角度，学者研究发现，在审计报告中将关键审计事项进行列示在某种程度上并不会导致审计师的诉讼风险增大（Brasel, Doxey and Grenier et al., 2016）；随着关键审计事项应对力度的加大，会计稳健性得到了显著增强（柳木华和董秀琴，2018）。

2. 关键审计事项沟通

新审计报告准则颁布之后，大多数学者基于 2016 年 A + H 股上市公司的审计报告，对该准则的执行情况进行了分析（冉明东和徐耀珍，2017；路军和张金丹，2018；王丽、田野和范明华，2018）。学者研究发现，在审计报告中沟通关键审计事项，会削弱管理层与审计师的沟通意愿（Hodge, Subramanian and Stewart, 2009），市场在一定程度上不会对审计报告中的关键审计事项沟通做出明显反应（Lennox, Schmidt and Thompson, 2015）。

也有学者研究发现，关键审计事项沟通不仅有助于审计师提出专业性更强和更加公允的审计意见，丰富审计报告所包含的信息（具体表现为披露的信息越详细，上市公司的异常交易量增加得越明显；Reid, Carcello and Chan et al., 2015），增加审计师所承担的责任（Backof, Bowlin and Matthew, 2014；Gimbar, Hansen and Ozlanski, 2016）；还能提高审计透明度，改善审计质量（唐建华，2015；鄢翔、张人方和黄俊，2018），促使管理层与审计师沟通的意愿加强（张继勋、蔡闫东和刘文欢，2016）；缓解信息不对称的情况（温慧慧，2018），削弱股价同步性（王木之和李丹，2019），为投资者提供更多的相关信息，帮助他们了解公司真实情况，进而做出正确决策（黎仁华和詹怡玮，2019）。此外，关键审计事项沟通能够抑制公司的盈余管理（杨明增、张钦成和王子涵，2018），降低上市公司应计盈余管理程度，提高盈余质量（李延喜、赛骞和孙文章，2019）；具体从数量上来看，当上市公司与注册会计师对较多数量的关键审计事项进行沟通时，其应计盈余管理程度显著较低（赛骞，2019）。关键审计事项沟通在某些程度上要求审计师花费更多的时间和费用，这便使得审计报告的质量有了显著提升（梁刚和曾旭，2019），在审计报告中对关键审计事项进行沟通，给信息使用者带来的影响与审计报告模式变革应有的方向是一致的，还对审计报告鉴证水平的提升具有促进作用，进而有助于增加审计报告的价值（吴蔚，2019）。

（二）减值类关键审计事项沟通对会计稳健性的影响

会计稳健性作为会计信息质量的重要要求之一，不仅受到债务契约、股权结构、产权性质、制度环境等因素的影响，而且在一定程度上取决于注册会计师的专业胜任能力和独立性。当注册会计师的独立性一定时，关键审计事项沟通的情况就能够直接反映审计质量。新审计报告准则要求注册会计师在审计报告中，对影响财务报表的重要事项——关键审计事项的相关情况进行列示。基于风险导向审计的原则，当注册会计师在审计过程中根据自身职业判断识别出关键审计事项时，他所面临的责任会增大，为规避风险，势必会对这些事项予以更多关注，更加频繁地与上市公司管理层针对审计报告中的关键审计事项进行沟通（张继勋、蔡闫东和刘文欢，2016），促使管理层及时地确认坏消息（Basu，1997），由此上市公司的会计稳健性水平提高（Krishnan，2005）。关键审计事项沟通使得财务报表中的高风险项目吸引了投资者的更多注意力（Christensen，Glover and Wolfe，2014）。在审计报告中沟通关键审计事项可以充实审计报告所包含的信息，使相关财务报表使用者能够根据这些信息科学判断被审计单位的风险水平（Kelton and Montague，2015）和会计信息质量，有助于促进审计报告决策相关性和有用性水平的提高（张继勋和韩冬梅，2014）。随着关键审计事项应对力度的加大，上市公司的会计稳健性得到了显著增强（柳木华和董秀琴，2018）。但是，也有学者发现，一方面，在审计报告中沟通关键审计事项在某些程度上会削弱管理层与审计师的沟通意愿（Hodge，Subramanian and Stewart，2009）；另一方面，注册会计师出于维护与客户之间的关系的考虑，而配合管理层需要，对那些不利于被审计单位的相关事项不予披露（PCAOB，2017），管理层确认坏消息的及时性变弱，注册会计师所编制的审计报告所包含的信息在某些程度上不会被反映出来，势必会对会计稳健性造成一定影响。资产减值类事项被识别为关键审计事项在一定程度上会反映企业的经营状况。一旦公司将资产减值类事项确认为关键审计事项时，经注册会计师审计的该类事项更能直观地反映企业恶化的经济状况（吴溪、范昱江和杨育龙，2019）。可见，对减值类关键审计事项进行沟通这一政策的实施效果如何以及究竟会对会计稳健性造成何种影响，是否有利于会计稳健性的增强，仍是需要进一步研究的问题。

现有关于关键审计事项的研究还处于起步阶段，基本是围绕关键审计事项的披露和沟通两个角度进行，基于财务报表使用者的角度和审计师的角度进行研究，对关键审计事项沟通的利弊进行阐述。很少有学者从关键审计事项的具体内容——减值类关键审计事项沟通的视角，对其与会计稳健性之间的关系进行研究，急需扩充这一相关领域的研究文献。

（三）研究假设提出

传统审计报告的差异性主要表现在审计意见上，而审计意见包含的信息量存在一定局限性（PCAOB，2017），投资者对公司的风险状况以及注册会计师执行的审计程序等信息知之甚少（王艳艳、许锐和王成龙等，2018）。新审计报告准则要求注册会计师在审计过程中，根据自身职业判断对本期财务报表审计中最重要的事项——关键审计事项进行重点关注。在所有关键审计事项中，减值类关键审计事项占据了较大比例，且该类事项通常与管理层的重大判断有关，对该类事项进行沟通不仅能够反映审计项目的整体质量，在一定程度上也体现了企业所面临的风险。

会计稳健性要求企业对坏消息的确认要采取比对好消息的确认更加严格的标准。注册会计师的独立性也会对会计稳健性造成一定影响。注册会计师应当维持自身的独立性，若识别出某些减值类事项可能对财务报表产生影响，会导致他所承担的责任增大。由于减值类关键审计事项涉及管理层的重大判断，且在一定程度上能够反映企业所面临的风险。根据动机推理性理论，注册会计师为规避风险，不仅会持续保持高度的职业怀疑，还会对这类事项予以更多关注，投入更多的精力和时间，加大审计力度，在审计过程中执行更充分、更合适的审计程序，提高与被审计单位管理者针对该类事项的沟通频率（张继勋、蔡闫东和刘文欢，2016），增强审计报告的相关性和有用性（张继勋和韩冬梅，2014），进而提高被审计单位的会计稳健性水平（柳木华和董秀琴，2018）。在审计报告中对减值类关键审计事项沟通的情况进行披露，提高了审计工作的透明度，使被审计单位的财务活动受到注册会计师与相关财务报表使用者的监督，同时，还可作为信号向外界传递与被审计单位经营活动及风险有关的信息（黎仁华和詹怡玮，2019），提高投资者对被审计单位经营状况的了解程度，增强投资者的投资意愿，也向外界表示注册会计师在审计过程中保持了应有的职业怀疑，经与管理层沟通，所出具的审计报告具有可行性。此外，被审计单位出于促进高效率契约签订的动机，也会促使管理层更加及时地确认坏消息（Basu，1997），从而上市公司的会计稳健性更强（Krishnan，2005）。基于以上分析，本文提出假设：

H1　减值类关键审计事项沟通会增强被审计单位的会计稳健性。

三、研究方法设计

（一）样本选择和数据来源

本文以 2016 年 A + H 股和 2012～2019 年沪深两市 A 股上市公司作为样本，样本数据来源于 WIND 数据库、CSMAR 数据库，其中减值类关键审计事项沟通的相关数据来源于 CNRDS 数据库和上市公司年度报告（手工搜集）。由于 2020 年发生新冠肺炎疫情，属于特殊情况，为避免对结果的影响，故将 2020 年的数据予以剔除。对样本数据进行以下处理：（1）剔除 ST 或 ＊ST 的样本公司；（2）剔除上市时间不足一年的样本公司；（3）剔除相关数据缺失的样本公司；（4）剔除金融类样本公司；（5）剔除数据异常的样本公司。经过上述处理，最终得到 3245 个样本公司，共 16924 个数据。本文利用 EXCEL 进行数据的汇总与预处理，用 STATA 15.0 进行统计分析。为避免极端值对数据的影响，本文对相关连续变量进行了 1% 分位及 99% 分位的缩尾处理。

（二）模型与估计方法

《中国注册会计师审计准则第 1504 号》发布之后，A + H 股上市公司作为该政策的率先执行者，于 2017 年 1 月 1 日开始执行，各方针对它们 2016 年度审计报告中确认的关键审计事项进行沟通。该政策全面实施时间为 2018 年 1 月 1 日，此后，所有上市公司都应当对各自 2017 年及以后年度的审计报告中确认的关键审计事项进行沟通。随时间变化的遗漏变量引起的差异问题能够通过双重差分法的使用得到有效缓解。故本文采用双重差分法来研究该政策实施的效果。针对 2012 ～ 2019 年的数据，以是否在审计报告中对减值类关键审计事项进行沟通作为分类依据，若某上市公司在审计报告中沟通减值类关键审计事项，则将其归为处理组；若某上市公司未在审计报告中沟通减值类关键审计事项，则将其归为控制组。然后以执行时间为依据，分别将处理组和控制组的样本进行划分，具体分为：新准则执行之后的处理组（2016 年及以后年度）、新准则执行之前的处理组（2015 年及以前年度）、新准则执行前后的控制组。为对上述分组进行表示，本文设置政策虚拟变量（kam）和时间虚拟变量（$treat$）。其中，若某公司执行新审计报告准则——在审计报告中对确认的减值类关键审计事项进行沟通，政策虚拟变量（kam）为 1，否则为 0；若样本数据来源于 2016 年及以后年度，则时间虚拟变量（$treat$）为 1，否则为 0。因此，本文的双重差分模型可以初步设定为：

$$Y_{it} = \alpha_0 + \alpha_1 kam_{it} + \alpha_2 treat_{it} + \alpha_3 kam_{it} \times treat_{it} + \alpha_4 control_{it} + \varepsilon_{it} \tag{1}$$

其中，被解释变量为会计稳健性，表示第 i 个公司在第 t 年的会计稳健性。模型（1）中还控制了一系列其他变量，其中 $kam \times treat$ 的系数是通过对处理组在新准则执行前后的会计稳健性差异与控制组在新准则执行前后的会计稳健性的差异做差得到的，表示减值类关键审计事项沟通对上市公司会计稳健性的净效应。若减值类关键审计事项沟通增强了会计稳健性，则 $kam \times treat$ 的系数显著为正。

（三）变量定义

1. 被解释变量：会计稳健性

本文采用 Basu 模型、C-Score 指数和 ACF 模型作为度量会计稳健性的指标。

（1）Basu 模型。建立 Basu 模型：

$$\frac{EPS_{i,t}}{P_{i,t-1}} = \beta_0 + \beta_1 DR_{i,t} + \beta_2 RET_{i,t} + \beta_3 RET_{i,t} \times DR_{i,t} + \varepsilon_{i,t} \tag{2}$$

其中，$EPS_{i,t}$ 代表公司 i 在第 t 年的每股税后净利润；$P_{i,t-1}$ 代表公司 i 在第 $t-1$ 年期末的股票收盘价；$RET_{i,t}$ 代表公司 i 在第 t 年 1 月至 12 月的年股票收益率，且 $RET_{i,t} = \prod_{j=1}^{12}(1 + RET_{i,j}) - 1$，$RET_{i,j}$ 代表上市公司 i 第 j 个月的股票收益率，"好"和

"坏"消息通过 $RET_{i,j}$ 的正负来体现；$DR_{i,t}$ 为哑变量，当 $RET_{i,t} < 0$ 时取值为 1，否则为 0。

在模型（2）中，β_2 表示会计盈余对利润发生微小变动的敏感程度，$\beta_2 + \beta_3$ 表示会计盈余对（可能发生的）亏损的微小变动的敏感程度。β_3 的符号作为会计稳健性的反映，根据会计盈余对亏损发生微小变动与对利润发生微小变动的敏感程度求得。若 $\beta_3 > 0$，说明当亏损发生变动时，会计盈余会发生较大变动，即会计盈余对坏消息更加敏感，倾向于选择更加稳健的会计政策。

（2）C-Score 指数。Khan 和 Watts（2009）在 Basu 模型的基础上将公司规模（总资产的自然对数）、账面市值比（权益市价/账面价值）以及资本结构（资产负债率）引入，提出了 K-W 模型：

$$G\text{-}Score = \beta_2 = \mu_0 + \mu_1 size + \mu_2 mtb + \mu_3 levb \tag{3}$$

$$C\text{-}Score = \beta_3 = \lambda_0 + \lambda_1 size + \lambda_2 mtb + \lambda_3 levb \tag{4}$$

其中 G-Score 衡量好消息确认的及时程度，C-Score 衡量会计稳健性。将模型（3）和模型（4）代入模型（2），进行整理得到：

$$\begin{aligned}
\frac{EPS_{i,t}}{P_{i,t-1}} = {} & \beta_0 + \beta_1 DR_{i,t} + (\mu_0 + \mu_1 size_i + \mu_2 mtb_i + \mu_3 levb_i) RET_{i,t} \\
& + (\lambda_0 + \lambda_1 size_i + \lambda_2 mtb_i + \lambda_3 levb_i) RET_{i,t} \times DR_{i,t} \\
& + (\delta_1 size_i + \delta_2 mtb_i + \delta_3 levb_i + \delta_4 DR_{i,t} \times size_i \\
& + \delta_5 DR_{i,t} \times mtb_i + \delta_6 DR_{i,t} \times levb_i) + \xi
\end{aligned} \tag{5}$$

对模型（5）进行分年度回归，得到系数 λ_1、λ_2、λ_3，再将其代回模型（4）中，可以得到每个样本公司的年度 C-Score，C-Score 的数值越大，意味着该公司的会计稳健性水平越高。

（3）ACF 模型，即应计现金流模型（Ball and Shivakumar，2005）如下：

$$ACC_t = \gamma_0 + \gamma_1 DCFO_t + \gamma_2 CFO_t + \gamma_3 DCFO_t \times CFO_t + \varepsilon_t \tag{6}$$

其中，ACC 代表本期应计利润/期初总资产，其中应计利润 = 营业利润 - 经营活动现金流；CFO 代表本期经营活动现金流/期初总资产；DCFO 为哑变量，若 $CFO < 0$，则取 1，否则，取 0。交乘项 $DCFO \times CFO$ 的系数 γ_3 反映了对利润与亏损的确认的非对称性，且将应计利润与经营活动现金流之间的负相关关系进行了弱化，故 γ_3 预期为正，随着 γ_3 的增大，企业对坏消息的确认更加及时，会计稳健性得到加强。

2. 解释变量

为采用双重差分法，设置减值类关键审计事项沟通政策虚拟变量（kam）和时间虚拟变量（treat）。政策虚拟变量的具体衡量为：针对减值类关键审计事项，若管理层与注册会计师进行沟通，则 kam 取 1，否则取 0。时间虚拟变量的具体衡量为：若样本数据来源于 2016 年及以后年度，则 treat 取 1，否则，则为 0。另外，在进一步分析中，本文还从沟通数量、金额和内容三个方面进行了分析。对于其他变量，本文基于公司特征、公司治理、信息环境、审计师独立性四个视角进行选取。同时，本文控制年度和行业固定效应。

具体变量见表 1。

表 1　变量说明

变量类型	变量名称	变量符号	变量定义
被解释变量	会计稳健性	C-Score	可操控性应计盈余管理
解释变量（减值类关键审计事项）	沟通与否	kam	若公司在年度报告中沟通关键审计事项为 1；否则为 0
	沟通数量	kam_num	从沟通关键审计事项的年度报告中人工搜集所沟通的减值类关键审计事项的数量
	沟通金额	kam_money	对所有沟通过的减值类关键审计事项涉及的金额之和取自然对数
	沟通内容	kam_high	对沟通过的高风险减值类（商誉减值、应收款项减值、长期股权投资减值、金融资产减值）关键审计事项涉及的金额之和取自然对数
其他变量	时间虚拟变量	treat	当年度为 2016 年及以后时为 1；否则为 0
	公司规模	size	公司总资产的自然对数
	资产负债率	levb	总负债/总资产
	净资产收益率	roe	净利润/股东权益
	董事会规模	boardsize	董事会人数的自然对数
	独立董事占比	inde	独立董事人数/董事会人数
	分析师跟踪人数	follow	分析师人数加 1 后取自然对数
	事务所规模	big4	哑变量：为国际"四大"时为 1；否则为 0

（四）减值类关键审计事项沟通分布情况

为直观了解减值类关键审计事项沟通的分布情况，查阅上市公司审计报告的相关数据，并对其进行整理，得到表 2。可以发现在所有沟通过的减值类关键审计事项中，商誉减值所占比例最多，其次是应收款项减值、固定资产减值、存货减值。

表 2　减值类关键审计事项沟通年度分布情况

单位：个

类型	2016 年	2017 年	2018 年	2019 年	总计
商誉减值	16	550	826	890	2282
应收款项减值	7	248	378	459	1092
存货减值	2	76	71	65	214
固定资产减值	9	96	89	94	288
无形资产减值	6	28	35	39	108
除固定资产、无形资产外的其他资产减值	3	63	74	51	191
长期股权投资减值		27	30	37	94
在建工程减值	3	23	28	28	82
金融资产减值		23	33	3	59
其他	37	627	488	328	1480
总和	83	1761	2052	1994	5890

四、实证结果分析

（一）描述性统计

表 3 所示为对样本数据进行描述性统计的结果。从中可以看出，$C\text{-}Score$ 介于 -2.690 与 1.680 之间，其均值为 0.020，中位数为 0.020，这与学术界其他学者的研究结果相近，说明本文对会计稳健性的衡量具有可靠性；标准差为 0.470，说明企业在会计稳健性方面存在较大差异，这种现象对本文的分析是有利的。kam 的均值为 0.230，说明在全样本中有 23% 的样本对减值类关键审计事项进行了沟通。kam_num 的最大值为 4，最小值为 0，说明注册会计师与上市公司沟通减值类关键审计事项最多 4 项。kam_money 的最大值为 20.66，说明沟通过的减值类关键审计事项涉及的金额最大为 9.38 亿元。kam_high 的均值为 1.560，介于 0 与 23.30 之间。$size$ 的均值为 22.27，说明样本中公司的资产平均为 46.96 亿元。$levb$ 的均值为 0.420，介于 0.050 与 0.870 之间，说明样本中公司的资产负债率平均为 42%，介于 5% 与 87% 之间。roe 的均值为 0.070。$boardsize$ 的均值为 2.130，说明董事会的平均人数约为 8 人。$inde$ 的均值为 0.380，说明独立董事占董事会总人数的比例平均为 38%。$follow$ 最大不超过 3.780，均值为 1.500，说明分析师跟踪人数最多为 43 人，平均为 4 人。$big4$ 的均值为 0.060，说明样本中有 6% 的公司选择国际"四大"会计师事务所进行审计。

表 3　描述性统计

变量	平均值	标准差	最小值	中位数	最大值
C-Score	0.020	0.470	− 2.690	0.020	1.680
kam	0.230	0.420	0	0	1
kam_num	0.260	0.510	0	0	4
kam_money	2.200	5.900	0	0	20.66
kam_high	1.560	5.060	0	0	23.30
size	22.27	1.310	20	22.09	26.25
levb	0.420	0.200	0.050	0.410	0.870
roe	0.070	0.100	− 0.530	0.070	0.300
boardsize	2.130	0.200	1.610	2.200	2.710
inde	0.380	0.050	0.330	0.330	0.570
follow	1.500	1.180	0	1.390	3.780
big4	0.060	0.240	0	0	1

（二）多元回归分析

在控制年度和行业固定效应的基础上，采用双重差分法将数据进行回归，所得结果如表 4 所示。

表 4　减值类关键审计事项沟通与会计稳健性

变量	C-Score	
	系数	t 值
constant	2.174 ***	22.2449
kam	− 0.214 ***	− 2.6799
kam × treat	0.628 ***	6.8806
treat	0.388 ***	8.4049
size	− 0.107 ***	− 18.3093
levb	0.348 ***	6.4913
roe	− 0.0221	0.3468
boardsize	− 0.0419 *	2.0997
inde	− 0.268 ***	0.4643
follow	− 0.0142 ***	0.5287
big4	− 0.0653 ***	− 1.5784
year	控制	
industry	控制	
N（个）	16916	
R^2	0.133	

注：*** 、** 、* 分别表示在 1% 、5% 和 10% 的水平上显著，下文同。

　　由表 4 可知交乘项的系数显著为正,即减值类关键审计事项沟通与会计稳健性呈正相关关系,对减值类关键审计事项进行沟通有助于增强会计稳健性。假设 H1 得到验证。从控制变量来看,公司规模、董事会规模、独立董事占比、分析师跟踪人数、事务所规模与会计稳健性呈负相关关系,而资产负债率与会计稳健性呈正相关关系。

(三)进一步分析——多元回归分析

　　为了进一步分析减值类关键审计事项沟通数量、金额和内容的影响,我们分别进行回归(结果如表 5 所示)。

表 5　减值类关键审计事项沟通与会计稳健性的进一步分析

变量	沟通数量 (kam_num)		沟通金额 (kam_money)		沟通内容 (kam_high)	
	(1) C-Score	(2) epsp	(3) C-Score	(4) epsp	(5) C-Score	(6) epsp
kam	0.035 * (1.727)		0.001 ** (2.139)		0.001 ** (2.139)	
RET		0.005 (0.316)		0.007 (1.084)		0.007 (1.084)
DR		−0.001 (−0.148)		0.002 (0.533)		0.002 (0.533)
Ret × DR		0.052 * (1.712)		0.065 *** (4.789)		0.065 *** (4.789)
kam		−0.004 (−0.706)		−0.001 *** (−2.864)		−0.001 *** (−2.864)
kam × Ret		0.007 (0.471)		0.001 (1.263)		0.001 (1.263)
kam × DR		0.006 (0.718)		0.000 (0.864)		0.000 (0.864)
kam × Ret × DR		0.047 * (1.912)		0.004 *** (3.50)		0.004 *** (3.50)
controls	控制	控制	控制	控制	控制	控制
year	控制	控制	控制	控制	控制	控制
industry	控制	控制	控制	控制	控制	控制
N(个)	3835	3836	3835	3836	3835	3836
R^2	0.197	0.145	0.173	0.176	0.173	0.176

　　注:C-Score 表示以 C-Score 指数衡量会计稳健性,epsp 表示以 Basu 模型衡量会计稳健性;括号内为 t 值,下文同。

在表 5 中，第（1）列中 kam 的系数为正，且在 10% 的水平上显著，说明减值类关键审计事项沟通的数量越多，公司的稳健性越强；第（2）列中交乘项 $kam \times Ret \times DR$ 的系数显著为正，说明减值类关键审计事项沟通数量与会计稳健性呈正相关关系。第（3）列中 kam 的系数为正，且在 5% 的水平上显著，说明减值类关键审计事项沟通的金额越多，公司的稳健性越强；第（4）列中交乘项 $kam \times Ret \times DR$ 的系数显著为正，说明减值类关键审计事项沟通金额与会计稳健性呈正相关关系。

此外，表 5 中第（5）和第（6）列所示表明，与低风险减值类关键审计事项相比，对高风险减值类关键审计事项进行沟通更有助于增强会计稳健性。

（四）稳健性检验

1. 倾向得分匹配 – 双重差分法

由于 2016 年执行新审计报告准则，对减值类关键审计事项进行沟通的上市公司只有 34 个，而未执行该准则的上市公司有 2000 多家，二者在数量上具有显著差异，故如果单采用双重差分法，可能会导致结果的准确度下降。同时，为避免因遗漏变量而产生的内生性问题，在稳健性检验时采用 Heckman 等提出的倾向得分匹配与双重差分法相结合的方法。

倾向得分匹配 – 双重差分法在本文的应用具体为：首先在未执行新审计报告准则，即未对减值类关键审计事项进行沟通的控制组中找到某个样本公司 b，再从已执行新审计报告准则——已对减值类关键审计事项进行沟通的处理组中找到某样本公司 a，使这两个样本公司的某些特征变量在最大程度上具有相似性，即 $X_a \approx X_b$。比较不同组别的会计稳健性的前提是影响会计稳健性的某些特征变量相近。对于双重差分法中不同组别的会计稳健性水平在新审计报告准则实施前存在不符合平行趋势假设的可能性问题，采用匹配估计量可以有效解决。

倾向得分匹配法的具体步骤如下。首先，进行一阶段回归，借鉴程子健和张俊瑞（2015）等学者的研究，选择净利润总额、净资产规模、资产负债率、公司属性、第一大股东持股比例、股权自由现金流与总资产之比六个变量作为匹配变量（具体变量说明见表 6），采用 Logit 模型计算各样本的倾向得分值：

$$Logit = \phi_0 + \phi_1 equity + \phi_2 netprofit + \phi_3 top1 + \phi_4 fcfea + \phi_5 levb + \phi_6 soe + \phi_7 \sum industry + \varepsilon \quad (7)$$

并对得分值相似的样本采用最近邻匹配法为处理组中的上市公司搜索相匹配的样本。

表 6　匹配变量

变量名称	符号	变量定义
净资产规模	$equity$	净资产/100000000
净利润总额	$netprofit$	净利润/100000000

续表

变量名称	符号	变量定义
第一大股东持股比例	*top*1	第一大股东持股数量与总股本之比
股权自由现金流与总资产之比	*fcfea*	股权自由现金流与总资产之比
资产负债率	*levb*	总负债/总资产
公司属性	*soe*	当上市公司的实际控制人为国资委、地方政府时, *soe* =1；否则为 0

按照上述流程进行匹配，共得到 6237 个数据。表 7 所示是处理组与控制组在匹配前后，对匹配变量进行均值差异检验的结果。可以得出，在匹配之前，净资产规模、第一大股东持股比例、股权自由现金流与总资产之比、公司属性等变量存在的差异相对较大，而在匹配之后，处理组与控制组样本之间的匹配变量均值差异有所下降，偏差均小于 5%，且偏差的绝对值最大为 4.5%，均值为 2.1，说明匹配效果较优。

表 7 处理组与控制组在匹配前后相关变量均值差异检验

协变量	未匹配 U/匹配 M	处理组	控制组	偏差（%）	t 值	P 值
equity	U	56.703	48.061	9.0	4.99	0.000
	M	56.703	52.38	4.5	1.88	0.061
netprofit	U	4.3497	4.4975	−1.3	−0.69	0.492
	M	4.3497	4.4677	−1.0	−0.44	0.660
*top*1	U	0.319	0.3614	−29.0	−15.58	0.000
	M	0.319	0.31576	2.2	1.01	0.313
fcfea	U	0.02515	0.00653	18.9	10.09	0.000
	M	0.02515	0.02789	−2.8	−1.23	0.220
levb	U	0.42019	0.42038	−0.1	−0.05	0.959
	M	0.42019	0.41054	0.3	0.14	0.886
soe	U	0.29015	0.41412	−26.2	−13.95	0.000
	M	0.29015	0.27998	2.1	0.99	0.324
industry	U	4.7928	4.6779	3.6	1.98	0.047
	M	4.7928	4.7351	1.8	0.78	0.434

在经过平行趋势分析后，将经倾向得分匹配法匹配的样本进行回归后发现，交乘项系数依旧显著为正，即减值类关键审计事项沟通与会计稳健性呈正相关关系。此外，匹配后样本的 R^2 由全样本的 0.133 增加到 0.168，说明匹配后的样本对模型的解释力更强。假设 H1 得到验证。回归结果如表 8 中第（1）列所示，所得结论与前文基本一致，对减值类关键审计事项进行沟通有助于增强会计稳健性。说明本文结论具有稳健性。

表8　稳健性检验

变量	（1）PSM – DID		（2）替换变量衡量方式	
	系数	t 值	系数	t 值
constant	2. 145 ***	12. 8199	2. 655 ***	18. 3732
kam	− 0. 130 ***	− 3. 7766		
kam × treat	0. 690 ***	5. 0900		
kam_high			0. 0276 ***	2. 6445
treat	0. 612 ***	8. 2950		
size	− 0. 110 ***	− 16. 7424	− 0. 126 ***	− 21. 7182
levb	0. 347 ***	9. 5921	0. 432 ***	13. 1807
roe	− 0. 0405	− 0. 7623	− 0. 125 **	− 2. 5691
boardsize	− 0. 0934 ***	− 2. 5792	− 0. 00886	− 0. 2696
inde	− 0. 345 ***	− 2. 6928	− 0. 0925	− 0. 8088
follow	− 0. 0153 ***	− 2. 7554	− 0. 00340	− 0. 6720
big4	− 0. 0725 ***	− 2. 9697	− 0. 0797 ***	− 3. 5921
year	控制		控制	
Industry	控制		控制	
N（个）	6237		3836	
R^2	0. 168		0. 174	

2. 替换变量衡量方式

（1）替换会计稳健性的衡量方式。前文采用 Basu（1997）模型和 C-Score 指数来衡量会计稳健性，得到减值类关键审计事项沟通有助于增强会计稳健性的结论。会计稳健性不同的衡量方式可能会对该结论造成一定的影响。为使本文结论更加可靠，在稳健性检验时，采用 ACF 模型来衡量会计稳健性。回归结果（由于篇幅所限，在此不做列示）与前文所得基本一致，故本文结论具有稳健性。

（2）替换减值类关键审计事项沟通的衡量方式。在研究减值类关键审计事项沟通内容对会计稳健性的影响时，由于高风险减值类关键审计事项沟通内容是通过对高风险减值类关键审计事项沟通金额之和取自然对数来衡量，在稳健性检验时，采用虚拟变量作为减值类关键审计事项沟通内容的衡量指标，将其进行回归，回归结果见表8中第（2）列。替换衡量方式之后，kam_high 的系数显著为正，与前文基本一致。

五、研究结论及建议

本文选取 2016 年 A + H 股和 2012 ~ 2019 年沪深 A 股上市公司作为样本，以审计报告中减值类关键审计事项沟通情况为起点，围绕减值类关键审计事项沟通、沟通的数量、沟通的金额、沟通的内容四个角度，研究其对会计稳健性的影响。研究发现，对减值类关键审计事项进行沟通有助于会计稳健性的增强；进一步具体表现为该类事项沟通的数量和金额与会计稳健性呈正相关关系；与低风险减值类关键审计事项相比，对高风险减值类关键审计事项进行沟通更能增强会计稳健性。在一系列稳健性检验之后发现本文结论具有稳健性——在审计报告中对减值类关键审计事项进行沟通有助于会计稳健性的增强，说明新审计报告准则起到了一定效果。

本文研究为会计稳健性的相关研究提供了新的视角，丰富了会计稳健性影响因素的研究文献，拓展了关键审计事项沟通与会计稳健性之间关系的研究框架，也为新审计报告准则实施的政策效果提供了经验证据。

参考文献

程子健，张俊瑞 . 2015. 交叉上市、股权性质与企业现金股利政策——基于倾向得分匹配法（PSM）的分析 . 会计研究，7：34 - 41 + 96.

郭艳萍，胡继永 . 2020. 基于 A 股主板上市公司数据的关键审计事项影响分析 . 内蒙古财经大学学报，18（5）：114 - 117.

黎仁华，詹怡玮 . 2019. 沟通关键审计事项对审计质量的影响效果——基于审计准则 1504 号实施的实证检验 . 会计之友，13：13 - 18.

李延喜，赛骞，孙文章 . 2019. 在审计报告中沟通关键审计事项是否提高了盈余质量？. 中国软科学，3：120 - 135.

梁刚，曾旭 . 2019. 披露关键审计事项对审计质量的影响研究——基于 A 股上市公司的经验数据 . 会计之友，6：38 - 43.

柳木华，董秀琴 . 2018. 关键审计事项的披露特点——基于 2017 年上市公司新式审计报告的统计分析 . 证券市场导报，11：12 - 19.

路军，张金丹 . 2018. 审计报告中关键审计事项披露的初步研究——来自 A + H 股上市公司的证据 . 会计研究，2：83 - 89.

罗进辉，万迪昉，李超 . 2010. 资产减值准备净计提、盈余管理与公司治理结构——来自 2004 ~ 2008 年中国制造业上市公司的经验证据 . 中国会计评论，8（2）：179 - 200.

冉明东，徐耀珍 . 2017. 注册会计师审计报告改进研究——基于我国审计报告改革试点样本的分析 . 审计研究，5：62 - 69.

赛骞 . 2019. 沟通关键审计事项对企业盈余管理的影响研究 . 大连理工大学硕士学位论文 .

唐建华 . 2015. 国际审计与鉴证准则理事会审计报告改革评析 . 审计研究，1：60 - 66.

王丽，田野，范明华 . 2018.《中国注册会计师审计准则 1504 号——在审计报告中沟通关键审计事项》执行情况研究——基于 2016 年度 A + H 股上市公司审计报告的统计分析 . 中国注册会计师，8：68 - 73.

王木之，李丹 . 2019. 新审计报告和股价同步性 . 会计研究，1：86 - 92.

王艳艳，许锐，王成龙，于李胜 . 2018. 关键审计事项段能够提高审计报告的沟通价值吗？. 会计研究，6：86 - 93.

温慧慧 . 2018. "在审计报告中沟通关键审计事项"与审计质量——AH 股新准则后第一次公告的市场反应 . 中国集体经济，23：81 - 82.

吴秋生，独正元 . 2018. A + H 股公司关键审计事项准则执行效果分析 . 会计之友，12：86 - 90.

吴蔚 . 2019. 在审计报告中沟通关键审计事项的价值浅析 . 中国注册会计师，4：87 - 90.

吴溪，范昱江，杨育龙 . 2019. 关键审计事项与审计后会计信息质量相关吗——来自资产减值事项的证据 . 会计研究，12：65 - 71.

鄢翔，张人方，黄俊 . 2018. 关键事项审计报告准则的溢出效应研究 . 审计研究，6：73 - 80.

杨明增，张钦成，王子涵 . 2018. 审计报告新准则实施对审计质量的影响研究——基于 2016 年 A + H 股上市公司审计的准自然实验证据 . 审计研究，5：74 - 81.

张继勋，蔡闫东，刘文欢 . 2016. 标准审计报告改进、管理层和审计人员的关系与管理层沟通意愿——一项实验证据 . 审计研究，3：77 - 83.

张继勋，韩冬梅 . 2014. 标准审计报告改进与投资者感知的相关性、有用性及投资决策——一项实验证据 . 审计研究，3：51 - 59.

赵春光 . 2006. 资产减值与盈余管理 . 会计研究，3：11 - 18.

Backof, A. G. , K. O. Bowlin & G. B. Matthew. 2014. The impact of proposed changes to the content of the audit report on jurors's assessments of auditor negligence. *Available at SSRN*, 24 - 46 + 57.

Ball, R. & L. Shivakumar. 2005. Earnings quality in U. K. private firms. *Journal of Accounting and Economics*, 9（1）：83 - 128.

Basu, S. 1997. The conservatism principle and the asymmetric timeliness of earnings. *Journal of Accounting and Economics*, 24（1）：3 - 37.

Brasel, K. , M. M. Doxey, J. H. Grenier & A. Reffett. 2016. Risk disclosure preceding negative outcomes：The effects of reporting critical audit matters on judgments of auditor liability. *The Accounting Review*, 91（5）：1345 - 1362.

Christensen, B. E. , S. M. Glover & C. J. Wolfe. 2014. Do critical audit matter paragraphs in the audit report change nonprofessional investors' decision to invest？. *Auditing：A Journal of Practice & Theory*, 33（4）：71 - 93.

FCAOB. 2017. The auditor's report on an audit of financial statements when the auditor expresses on unqualified opinion and related amendments to PCAOBstandards.

Gimbar, C. , B. Hansen & M. Ozlanski. 2016. The effects of critical audit matter paragraphs and accounting standard precision on auditor liability. *The Accounting Review*, 91（6）：1629 - 1646.

Hodge, K. , N. Subramanian & J. Stewart. 2009. Assurance of sustainability reports：Impact on report users' confidence and perceptions of information credibility. *Australian Accounting Review*, 19（3）：178 - 194.

Kelton, A. S. & N. R. Montague. 2015. The unintended consequences of uncertainty disclosures made by auditors and managers on nonprofessional investor judgments. *Accounting, Organizations and Society*, 65：

44 – 55.

Khan, M. & R. Watts. 2009. Estimation and empirical properties of a firm – year measure of accounting conservatism. *Journal of Accounting and Economics*, 48: 132 – 150.

Krishnan, G. V. 2005. The association between big 6 auditor industry expertise and the asymmetric timeliness of earnings. *Journal of Accounting, Auditing and Finance*, 20 (3): 209 – 228.

Lennox, C. S. , J. J. Schmidt & A. Thompson. 2015. Is the expanded model of audit reporting informative to investors? Evidence from the UK. *Social Science Electronic Publishing.*

Reid, L. C. , J. V. Carcello, L. Chan & T. L. Neal. 2015. Are auditor and audit committee report changes useful to investors? Evidence from the United Kingdom. *SSRN Electronic Journal.*

Reid, L. C. , J. V. Carcello, C. Li & T. L. Neal. 2016. Impact of auditor and audit committee report changes on audit quality and costs: Evidence from the United Kingdom. *SSRN Working Paper.*

Sirois, L. P. , J. Bédard & P. Bera. 2014. The informational value of key audit matters in the auditor's report: Evidence from an eye – tracking study. *SSRN Working Paper.*

Communication on Impairment-related Key Audit Matters and Accounting Robustness

Qiusheng Wu, Yajing Jiang

Abstract: To enrich the information content contained in the audit report, the Ministry of Finance formally issued new audit report standards in December 2016. Based on the above background, the 2016 A + H-share and 2012 – 2019 Shanghai and Shenzhen A-share listed companies were selected as the sample. The different methods are used to study the impact of communication on impairment-related audit matters on accounting robustness. We found that communication on key audit matters related to impairment can help improve accounting robustness; whether the number or the amount of communication. Compared with the low-risk impairment-related key audit matters communication, the high-risk impairment-related key audit matters communication can improve the accounting robustness. A battery of robust checks show that our findings are kept. This research provides a new perspective for research of accounting robustness and expands the research framework of accounting robustness. Besides, we provide empirical evidence for the implementation effect of the new audit report standards.

Keywords: Audit Report; Communication of Impairment-related Key Audit Matters; Accounting Robustness

第 20 卷，第 2 辑，2021 年
Vol. 20, No. 2, 2021

会 计 论 坛
Accounting Forum

管理层异常积极语调与企业成本管理*

——基于上市公司管理层讨论与分析的文本分析

施先旺　　刘志宇

【摘　要】本文从公司管理层异常积极语调与公司成本黏性的角度出发，考察"语调不对称"的管理者如何进行公司的成本管理决策。研究发现，管理层异常积极语调与公司成本黏性呈现正相关关系。通过机制检验发现，公司管理层语调越积极，表明公司越有可能进行过度投资行为，进而导致成本黏性；进一步分析发现，管理层异常积极语调与成本黏性的正相关关系仅在公司代理问题较为严重时显著。最后，本文研究了管理层异常积极语调与公司期间费用黏性的关系，发现其与公司销售费用黏性显著正相关。本文的研究不仅丰富了有关管理层语调信息含量与成本黏性动因的研究，而且为监管部门提供了一定的参考。

【关键词】管理层语调；成本黏性；乐观预期；文本分析

一、引言

　　会计信息一直是一个备受关注的话题。财务报告作为上市公司会计信息披露的一

收稿日期：2021 - 06 - 21
基金项目：中南财经政法大学中央高校基本科研业务费专项资金（202111123）
作者简介：施先旺，男，博士，中南财经政法大学会计学院教授；刘志宇，男，中南财经政法大学会计学院硕士研究生，liuzhiyushandong@ 126. com。
* 作者感谢匿名审稿人对本文的宝贵意见，但文责自负。

个重要的方式，可以有效地缓解信息不对称所带来的逆向选择与道德风险问题。具体而言，财务报告披露的信息可以分为数字信息与文本信息，相比于数字信息，文本信息中包含大量的公司非财务信息，如公司背景信息、业绩分析、发展战略等。其中，管理层讨论与分析（Management Discussion & Analysis，简称 MD&A）是公司财务报告中重要的文本信息之一，其中对公司历史信息的分析和对公司未来的展望是对财务报告中其他信息的重要补充。因此，正确地处理与识别管理层所披露文本（如 MD&A）中所隐含的增量信息有着很大的理论及现实意义。

随着计算机文本分析技术的发展，有关上市公司文本信息披露的研究愈加多元化，其中语调分析为解读管理层文本信息提供了一个新的途径。管理层语调作为管理层积极与消极情绪的一种体现，包含大量数字信息中所不包含的额外增量信息（Li，2010；Huang，Teoh and Zhang，2014）。对管理层语调信息含量的研究主要分为两个对立的观点：真实信息观与操纵信息观。真实信息观认为，基于信号传递理论，为了缓解信息不对称问题，管理层更乐于通过文本信息向潜在的投资者传递更多的增量信息，降低公司的资本成本（甘丽凝、陈思和胡珉等，2019；林煜恩、李欣哲和卢扬，2020），此时上市公司所披露的语调信息是可以真实反映公司实际情况的信息。操纵信息观认为，基于代理理论，由于管理层可以自主决定文本信息的披露程度，并且目前没有统一的标准和规定去识别和监管语调操纵的行为，因此管理者存在很大的语调操纵空间。公司管理层可能为达成特定目的，如迎合资本市场需求或者配合与自身利益相关的行为，进行语调操纵（Huang，Teoh and Zhang，2014），此时上市公司所披露的文本信息是公司选择性披露或者隐晦性披露的信息，并不能客观反映公司的实际情况。由此可以看出，管理层语调在很大程度上代表着管理层的主观倾向，且与公司日常的生产经营、投资、筹资活动密切相关。基于此，本文认为管理层进行语调管理的行为会在公司成本性态上有所体现，进而影响公司的成本管理决策。

传统成本会计的基本假设认为，对于相同业务量的增加或减少，成本变化的幅度是相同的。而 Anderson、Banker 和 Janakiraman（2003）则提出了"成本黏性"的概念，即当公司业务量等幅变化时，下降时公司成本下降的幅度要低于上升时成本上升的幅度，这为本文的研究提供了一个很好的切入点。Huang、Teoh 和 Zhang（2014）的研究表明，与同时披露的数字信息相比，公司报告中的定性文本的基调有时可能过于乐观或悲观，因此公司报告语调与实际情况可能出现"不对称"的现象。当公司管理层是非理性的，如过度乐观（或悲观）、过度激进（或保守）等时，管理层自身决策的失误，在导致公司报告中的语调过度积极或者过度消极的同时，会不可避免地侵害公司利益，导致公司资源的错配，进而导致"成本黏性"或者"成本反黏性"现象的发生。基于此，本文从公司管理层异常语调与公司成本黏性的角度出发，考察此类"语调不对称"的管理者如何进行公司的成本管理决策，并进一步探讨相关作用机制。

具体地，本文以 2005～2019 年非金融业 A 股上市公司为研究对象，研究管理层异常积极语调与公司成本黏性的关系。第一，本文检验管理层异常积极语调是否与公司成本黏性显著相关；第二，为了证明结论的可靠性，本文使用了倾向得分匹配、熵平衡匹配、控制公司固定效应、更换变量度量方式、缩小样本范围至制造业公司等方法来缓解可能存在的内生性问题；第三，本文从过度投资角度来考察管理层异常积极语调与公司成本黏性之间的作用机制；第四，本文从代理问题角度来检验不同约束条件下管理层异常积极语调与成本黏性的相关关系；第五，本文研究了管理层异常积极语调与公司期间费用黏性的相关关系。

研究发现，管理层异常积极语调与公司成本黏性呈现正相关关系。对于稳健性检验，首先根据管理层异常积极语调程度的高低，设置处理组与控制组，分别对样本进行倾向得分匹配与熵平衡匹配，利用匹配后的样本重新对本文假设进行检验，结论不变；我们进一步控制了公司层面的固定效应，以解决部分遗漏变量问题，发现结论不变；然后本文更换了管理层异常语调的度量方式，发现结论不变；最后我们将样本缩小为制造业公司，发现管理层异常积极语调与成本黏性仍显著正相关。

通过机制检验，我们发现，公司管理层异常语调越积极，公司越有可能进行过度投资行为，从而导致成本黏性；通过进一步检验，我们发现，管理层异常积极语调与公司成本黏性的正相关关系仅存在于代理问题较为严重的公司当中；最后我们发现，管理层异常积极语调与公司销售费用黏性显著正相关，而与管理费用黏性和财务费用黏性并没有显著相关性。

本文研究贡献主要有以下三点。第一，本文的研究丰富了有关管理层语调信息含量的研究。以往的研究大多从真实信息观与操纵信息观两方面展开，真实信息观认为管理层语调是可以反映公司真实情况的有用信息，操纵信息观则认为管理层语调是管理层为了达成特定目的而公布的操纵信息。本文则从管理者个人特质出发，认为管理层语调可在一定程度上反映管理层的行为特征，并在一定程度上体现在公司决策上，为管理层语调信息含量的相关研究提供了一定的经验证据。第二，本文的研究丰富了有关公司成本黏性动因的研究。对于成本黏性的成因，主要有调整成本、代理成本和管理层乐观预期三类观点。关于一些客观性因素对成本黏性影响的研究已较为成熟，近些年也有文献针对管理层的个人特质进行了相关的研究，但相对较少。管理层语调作为个人情感倾向的一种直接表达方式，更能直接反映出管理层的行为特质。本文首次将管理层语调与公司成本管理策略联系起来，并研究了在不同约束条件下二者的关系，从管理层自身语言披露角度解释了公司产生成本黏性的动因，为该领域的文献做出了重要补充。第三，本文的研究为国家监管部门对管理层行为的监督和规范提供了一定的参考。我国公司的内外部治理环境相对较差，尤其是分析师在很多情况下并未能发挥监督作用，管理层的非理性行为并不能得到很好的约束，因此本文的研究可以为监管层提供一定参考。

二、理论分析和研究假说

管理层语调对于研究上市公司披露的文本中所隐含的增量信息有着重要的意义。具体的，管理层语调主要包含两方面的信息。

一方面，真实信息观认为管理层语调是可以反映公司真实情况的有用信息。基于信号传递理论，为了缓解信息不对称问题，管理层所披露的语调信息是可以反映公司实际情况的信息，即真实信息。Li（2010）发现管理层语调可以用于预测公司未来业绩，为投资者提供一定参考；Davis 和 Tama – Sweet（2012）发现，MD&A 中悲观语调越高，未来资产收益率越低；Price、Doran 和 Peterson（2012）通过对管理层盈余电话会议语调的研究，发现电话会议的语调是异常收益和交易量的重要预测因子。谢德仁和林乐（2015）以中国上市公司为研究对象，发现在中国的特殊语言文化背景下，管理层语调仍然有助于预测公司未来业绩；他们也发现不同的管理层语调会对投资者产生不同的影响（林乐和谢德仁，2016）。以上研究均表明，管理层语调可以向外界提供真实的增量信息。

另一方面，操纵信息观则认为管理层语调是管理层为了达成特定目的而公布的操纵信息。基于代理理论，当管理者意识到文本信息可以对公司本身及市场参与者产生影响时，为了迎合资本市场及自身利益的需求，管理层可能对披露的文本信息进行语调管理。相比于数字信息，对文本信息的审核与监管则较为薄弱，在缺乏一定外界约束的情况下，管理层更有动机进行语调管理，此时管理层所披露的文本信息是经过修饰的信息，即操纵信息。Huang、Teoh 和 Zhang（2014）研究了公司是否对收益新闻稿（EPR）中的措辞进行了管理，以及投资者对其的反应；他们发现，公司会通过语调管理来掩盖未来的负面业绩、炒作或维护公司形象以及配合股票发行、并购、股票期权许可等。王华杰和王克敏（2018）也发现，管理层会通过语调管理来配合公司盈余管理行为。以上研究均表明，管理层语调向外界传递的信息有可能是经过修饰的操纵信息。

基于以上分析，可以看出不同情况下管理层语调所蕴含的信息是不一样的，管理者有可能基于"信息传递"动机，比较客观地披露公司的真实信息；也有可能基于"信息操纵"动机，去操纵公司的文本信息披露情况。本文认为管理层无论是基于"信息传递"动机还是"信息操纵"动机，其语调均可在一定程度上体现出自身的行为特征。

进一步的，本文基于管理层预期机制，来研究管理层异常语调与成本黏性的相关性。Martikainen、Miihkinen 和 Watson（2019）的研究表明董事的年龄、性别、受教育程度和金融专业知识与其披露会计信息的语调密切相关，因此，管理层语调可以在一定程度上衡量管理者的个人特质。相比于理性的管理层，如果公司的管理层是过度乐观的，则会对公司决策产生一定影响。Malmendier 和 Tate（2005）研究发现，过于自信的 CEO 会高估他们投资项目的质量，当他们有内部资金可供支配时，他们会进行更多的投资，此时管理层文本则会不可避免地呈现异常积极（或消极）的语调。Lee、Hwang 和 Chen（2016）也曾使用 CEO 推文和报告中的语调来研究创始人 CEO 的过度自信程度。当管理者对公司未来有一个过度乐观的预期时，其错误的判断会使他们的公司成长到超过最优规模。此时管理层会增加对相关项目文本信息的披露，从而导致管理层文本信息中异常积极的语调增加。而拥有"乐观预期"的管理层在公司营业收入上升时，会增加相应的成本以扩大规模；而当营业收入下降时，由于对未来有着一个较为乐观的预期，管理层往往会尽可能维持公司的闲置资源，从而导致成本黏性。因此，管理层的异常积极语调可以在一定程度上衡量其"乐观"程度，而过度乐观的管理层会高估公司未来现金流，低估风险，从而增加公司的成本黏性（梁上坤，2018），即公司的管理层语调越是积极，其成本黏性越大。

基于以上分析，本文认为管理层的乐观预期会影响其对公司的成本决策，导致成本黏性，而管理层异常语调可在很大程度上反映管理层的乐观预期，由此提出假设：

H1　管理层异常积极语调与公司成本黏性显著正相关，即管理层语调异常积极程度越高，公司的成本黏性越大。

三、研究方法设计

（一）样本选择和数据来源

本文以 2005～2019 年全部 A 股上市公司为研究对象，初始观测样本共 36366 个，并依次采用以下处理方式对样本公司进行筛选：剔除金融业公司样本；剔除年末 ST 或 PT 公司样本；剔除当年退市公司样本；剔除资不抵债公司样本；为了排除极端情况下收入与成本对文章结论的影响，参考 Chen、Lu 和 Sougiannis（2012）的做法，剔除营业收入和营业成本变化低于 1%、高于 99% 的公司样本；剔除数据缺失公司样本。最终得到样本 26058 个。本文所使用的上市公司财务数据来源于 CSMAR 数据库，上市公司 MD&A 文本数据来源于中国研究数据服务平台

（CNRDS）。对于文本信息，本文使用 Python 语言分析模块构建文本特征指标。为避免极端值影响，本文对连续变量进行了上下 1% 的缩尾处理。

（二）变量定义

1. 管理层异常积极语调

本文使用字典法对管理层讨论与分析（MD&A）的文本进行情感分析。根据构建的情感词典，计算得出 MD&A 中的积极词汇与消极词汇的词频，进而构建相应的文本语调指标。由于汉语的语言特征与英语有很大的不同，以汉语和英语为母语的人的思维方式有显著差异，本文并未采用 Loughran 和 McDonald 的英文金融情感词库来构建情感词典，而是使用 Bian、Jia 和 Li 等（2021）所构建的中国金融情感词典（CFSD）进行情感分析，进而统计出 MD&A 中的正面词汇与负面词汇的词频。参考 Price、Doran 和 Peterson（2012）的研究，构建管理层净正面语调指标：

$$Tone = \frac{Pos\_Tone - Neg\_Tone}{Pos\_Tone + Neg\_Tone}$$

其中，Pos_Tone 代表 MD&A 中正面词汇的词频，Neg_Tone 代表 MD&A 中负面词汇的词频，$Tone$ 代表净正面语调，其值越大，说明公司 MD&A 中语调越积极。但该指标并不能将管理层语调中所包含的正常语调和异常语调分离，为了衡量管理层异常积极语调，借鉴 Huang、Teoh 和 Zhang（2014）以及朱朝晖和许文瀚（2018）等人的研究，建立以下回归模型：

$$Tone_{i,t} = \alpha_0 + \alpha_1 EPS_{i,t} + \alpha_2 d\_EPS_{i,t} + \alpha_3 ROE_{it} + \alpha_4 Size_{i,t} + \alpha_5 Lev_{i,t} + \alpha_6 Growth_{i,t} + \alpha_7 Age_{i,t} + \alpha_8 Loss_{i,t} + \varepsilon_{i,t} \tag{1}$$

其中，$Tone$ 为管理层净正面语调，EPS 为公司每股收益，d_EPS 为公司每股收益的变动值，$Size$ 为公司规模，ROE 为公司净资产收益率，Lev 为公司资产负债率，$Growth$ 为公司营业总收入增长率，Age 为公司年龄加 1 的自然对数，$Loss$ 为公司是否亏损的虚拟变量。本文使用基于该模型分年度回归所得的残差作为公司异常积极语调的度量，该变量值越大，说明管理层语调越是异常积极。

2. 成本黏性相关变量

参考 Subramaniam 和 Watson（2016）以及孔玉生、朱乃平和孔庆根（2007）的研究，本文将公司营业成本变动（d_ln_Cost）作为被解释变量，并将营业收入变动（d_ln_Rev）、收入下降（DEC）及其交乘项加入模型当中，若 d_ln_Rev 与 DEC 的交乘项系数为负，则公司存在成本黏性。

3. 控制变量

参考 Chen、Lu 和 Sougiannis（2012），江伟、胡玉明和吕喆（2015）以及梁上坤（2018）等的研究，本文控制影响公司成本黏性的经济因素变量，分别为员工密集度

（*EI*）、资产密集度（*AI*）、收入是否连续两年下降（*SD*）、地区 GDP 增长率（*GDP_Growth*）。同时也控制了其他影响公司成本黏性的变量，分别为公司规模（*Size*）、资产负债率（*Lev*）、公司年龄（*Age*）、固定资产比率（*Far*）、营业收入增长率（*Growth*）、独立董事占比（*Ind*）、产权性质（*SOE*）、第一大股东持股比例（*Top1*）、管理层持股比例（*MH*）。

具体变量定义见表1。

表1　主要变量定义

变量名称	变量符号	变量定义
营业成本变动	*d_ln_Cost*	营业成本变动:公司当年营业成本自然对数值减去前一年营业成本自然对数值
营业收入变动	*d_ln_Rev*	营业收入变动:公司当年营业收入自然对数值减去前一年营业收入自然对数值
收入下降	*DEC*	虚拟变量:当年公司营业收入小于前一年公司营业收入时为1,否则为0
管理层异常积极语调1	*AbTone*	模型（1）回归所得残差值
管理层异常积极语调2	*AbTone_d*	虚拟变量:若模型（1）回归所得残差值大于0则为1,否则为0
公司规模	*Size*	公司资产总计的自然对数
资产负债率	*Lev*	负债总计除以资产总计
公司年龄	*Age*	会计年度减去公司成立年度加1的自然对数
固定资产比率	*Far*	固定资产净额除以资产总计
营业收入增长率	*Growth*	营业总收入本期金额减去上年同期金额再除以上年同期金额
独立董事占比	*Ind*	独立董事人数占董事会人数的比例
产权性质	*SOE*	虚拟变量:国有企业取值为1,其余为0
第一大股东持股比例	*Top1*	公司第一大控股股东的持股比例
管理层持股比例	*MH*	公司管理层持股比例之和
员工密集度	*EI*	员工总数除以营业收入
资产密集度	*AI*	资产总计除以营业收入
收入是否连续两年下降	*SD*	虚拟变量:营业收入连续两年下降取值为1,其余为0
地区 GDP 增长率	*GDP_Growth*	公司所在地级市的 GDP 增长率

（三）模型设定

为了检验假设 H1，本文借鉴 Anderson、Banker 和 Janakiraman（2003），Chen、Lu 和 Sougiannis（2012）以及梁上坤（2018）的方法，构建回归模型：

$$d\_ln\_Cost_{i,t} = \alpha_0 + \alpha_1 d\_ln\_Rev_{i,t} + \alpha_2 DEC_{i,t} + \alpha_3 d\_ln\_Rev_{i,t} \times DEC_{i,t} + \alpha_4 AbTone_{i,t}/AbTone\_d_{i,t}$$
$$+ \alpha_5 DEC_{i,t} \times AbTone_{i,t}/AbTone\_d_{i,t} + \alpha_6 d\_ln\_Rev_{i,t} \times AbTone_{i,t}/AbTone\_d_{i,t}$$
$$+ \alpha_7 d\_ln\_Rev_{i,t} \times DEC_{i,t} \times AbTone_{i,t}/AbTone\_d_{i,t} + \sum Controls_{i,t} + \sum DEC_{i,t} \times Controls_{i,t}$$
$$+ \sum d\_ln\_Rev_{i,t} \times Controls_{i,t} + \sum d\_ln\_Rev_{i,t} \times DEC_{i,t} \times Controls_{i,t} + \sum Year$$
$$+ \sum Industry + \varepsilon_{i,t}$$

$$(2)$$

其中，模型进一步控制了公司年度与行业固定效应，并使用稳健标准误进行回归。本文主要研究的问题是管理层异常积极语调与公司成本黏性之间的关系。因此本文重点关注回归系数 α_7 及其显著性。若假设 H1 成立，则系数 α_7 应该显著为负，即管理层异常积极语调与公司成本黏性之间呈现正相关关系。

（四）描述性统计

表 2 所示为主要变量的描述性统计结果。表中数据显示，营业成本变动（d_ln_Cost）的均值为 0.1190、中位数为 0.1069；营业收入变动（d_ln_Rev）的均值为 0.1145、中位数为 0.1054，且二者标准差、最大值、最小值等各项指标均较为相似，符合会计准则中收入与成本的配比原则。收入下降（DEC）的均值为 0.2727，说明有 27.27% 的样本出现了收入下降；收入要否连续两年下降（SD）的均值为 0.0997，说明有约 10% 的样本出现了连续两年收入下降。异常积极语调 1（$AbTone$）的均值为 0.0018，中位数为 0.0248；异常积极语调 2（$AbTone\_d$）的均值为 0.5730，说明有 57.3% 的公司管理层更倾向于将公司向更积极的方向描述。产权性质（SOE）的均值为 0.4518，说明样本中以非国有企业为主。第一大股东持股比例（$Top1$）的均值为 0.3494，最大值达到 0.7418，最小值仅为 0.0876，说明不同公司之间的股权结构差异较大。管理层持股比例（MH）的均值为 0.0753，最大值为 0.6369，最小值为 0，说明不同公司控制权与经营权的分离程度差异较大。独立董事占比（Ind）的均值为 0.3710，最大值为 0.5714，最小值为 0.300，说明样本中公司基本符合《公司法》对独立董事占比不得低于 1/3 的要求。地区 GDP 增长率（GDP_Growth）的均值为 0.1132，最大值为 0.2588，最小值为 -0.0824，说明不同城市的经济发展水平差异较大。

表 2　主要变量描述性统计

变量	均值	标准差	中位数	最小值	最大值
d_ln_Cost	0.1190	0.2563	0.1069	-0.5993	0.9482
d_ln_Rev	0.1145	0.2439	0.1054	-0.5659	0.8863
DEC	0.2727	0.4454	0.0000	0.0000	1.0000
$AbTone$	0.0018	0.1408	0.0248	-0.4844	0.2793
$AbTone\_d$	0.5730	0.4946	1.0000	0.0000	1.0000

续表

变量	均值	标准差	中位数	最小值	最大值
Size	22. 1480	1. 2662	21. 9808	19. 7645	26. 0644
Lev	0. 4558	0. 2009	0. 4575	0. 0628	0. 8860
Age	2. 7803	0. 3566	2. 8332	1. 7918	3. 4340
Far	0. 2400	0. 1726	0. 2059	0. 0024	0. 7319
Growth	0. 1561	0. 3013	0. 1111	− 0. 4321	1. 4199
Ind	0. 3710	0. 0524	0. 3333	0. 3000	0. 5714
SOE	0. 4518	0. 4977	0. 0000	0. 0000	1. 0000
*Top*1	0. 3494	0. 1496	0. 3291	0. 0876	0. 7418
MH	0. 0753	0. 1561	0. 0002	0. 0000	0. 6369
EI	1. 5075	1. 3244	1. 1487	0. 0526	7. 4481
AI	2. 4142	1. 9175	1. 8608	0. 3855	11. 9668
SD	0. 0997	0. 2997	0. 0000	0. 0000	1. 0000
GDP_Growth	0. 1132	0. 0572	0. 1020	− 0. 0824	0. 2588

四、实证结果分析

（一）管理层异常积极语调与成本黏性

表 3 报告了管理层异常积极语调与成本黏性关系的回归结果。第（1）与第（2）列为使用 *AbTone* 衡量异常积极语调的回归结果，第（3）与第（4）列为使用 *AbTone_d* 衡量异常积极语调的回归结果；其中第（2）列与第（4）列分别在第（1）列与第（3）列的基础上增加了 *Controls*、$d\_ln\_Rev \times Controls$、$DEC \times Controls$ 和 $d\_ln\_Rev \times DEC \times Controls$ 等控制变量，所有回归均控制了公司的行业与年度固定效应，并使用了稳健标准误。可以看出，第（1） ~ 第（4）列的回归结果中 $d\_ln\_Rev \times DEC \times AbTone$ 或 $d\_ln\_Rev \times DEC \times AbTone\_d$ 的系数分别为 − 0. 2498、 − 0. 2355、 − 0. 0555、 − 0. 0506，均在 1% 或 5% 的水平上显著为负，说明管理层语调异常积极程度越高，公司成本黏性越大，假设 H1 成立。

表 3　管理层异常积极语调与成本黏性

变量	（1）	（2）	（3）	（4）
	AbTone		*AbTone_d*	
d_ln_Rev	0. 9897 ***	1. 0105 ***	0. 9739 ***	0. 9973 ***
	（172. 1887）	（4. 3320）	（109. 7118）	（4. 2810）
DEC	− 0. 0040 *	− 0. 0347	− 0. 0028	− 0. 0345
	（ − 1. 9452）	（ − 0. 7247）	（ − 1. 0602）	（ − 0. 7194）

续表

变量	(1)	(2)	(3)	(4)
	AbTone		AbTone_d	
$d\_ln\_Rev \times DEC$	−0.0655***	−0.3424	−0.0347**	−0.3117
	(−5.1410)	(−0.6932)	(−2.2545)	(−0.6318)
$DEC \times AbTone/$ $AbTone\_d$	0.0095	0.0095	−0.0015	−0.0018
	(0.6813)	(0.6866)	(−0.3783)	(−0.4580)
$d\_ln\_Rev \times AbTone/$ $AbTone\_d$	0.1597***	0.1289***	0.0301***	0.0221*
	(3.2135)	(2.5969)	(2.6822)	(1.9533)
$AbTone/AbTone\_d$	−0.0417***	−0.0405***	−0.0078***	−0.0074***
	(−4.7223)	(−4.5709)	(−3.6054)	(−3.3786)
$d\_ln\_Rev \times DEC \times$ $AbTone/AbTone\_d$	−0.2498***	−0.2355***	−0.0555**	−0.0506**
	(−3.2948)	(−3.1379)	(−2.3010)	(−2.1403)
$\_cons$	0.0156**	0.0033	0.0198***	0.0069
	(2.2562)	(0.1302)	(2.8052)	(0.2745)
Controls	No	Yes	No	Yes
$d\_ln\_Rev \times Controls$	No	Yes	No	Yes
$DEC \times Controls$	No	Yes	No	Yes
$d\_ln\_Rev \times DEC \times$ Controls	No	Yes	No	Yes
年度固定效应	Yes	Yes	Yes	Yes
行业固定效应	Yes	Yes	Yes	Yes
样本量(个)	26058	26058	26058	26058
R^2	0.8634	0.8660	0.8633	0.8659
调整的 R^2	0.8632	0.8655	0.8631	0.8654

注:表中括号为 t 值,***、**、* 分别表示 1%、5% 和 10% 的显著性水平,下文同。

(二)稳健性检验

1. 稳健性检验——倾向得分匹配(PSM)

对于不同管理层语调水平的公司样本,内外部特征存在一定差异,尽管本文在回归中尽可能控制了这些差异,但仍然不能排除一些潜在的因素对公司的成本黏性造成一定影响,因此,本文采用倾向得分匹配(PSM)来尽可能缓解此类问题。具体的,本文将 AbTone_d 为 1 的样本作为处理组,为 0 的样本作为控制组,采用 1∶3 最近邻匹配方法对控制组与处理组进行匹配。参照李晓溪、杨国超和饶品贵(2019)的做法,使用本文模型(1)与模型(2)中的一系列控制变量构建 Logit 匹配模型,具体模型设定如下:

$$\text{Logit}(AbTone\_d_{i,t}) = \alpha_0 + \alpha_1 Size_{i,t} + \alpha_2 Lev_{i,t} + \alpha_3 Age_{i,t} + \alpha_4 Far_{i,t} + \alpha_5 Growth_{i,t}$$
$$+ \alpha_6 Ind_{i,t} + \alpha_7 SOE_{i,t} + \alpha_8 EI_{i,t} + \alpha_9 AI_{i,t} + \alpha_{10} SD_{i,t} \qquad (3)$$
$$\alpha_{11} GDP\_Growth_{i,t} + \alpha_{12} Top1_{i,t} + \alpha_{13} MH_{i,t} + \varepsilon_{i,t}$$

表 4 所示为匹配后的回归结果，其中第（1）和第（2）列为对匹配样本使用 OLS 直接回归的结果，第（3）和第（4）列为使用 PSM 的权重进行加权 OLS 的回归结果；第（1）和第（3）列为使用 *AbTone* 衡量异常积极语调的回归结果，第（2）和第（4）列为使用 *AbTone_d* 衡量异常积极语调的回归结果，所有回归均控制了各类控制变量、公司的行业与年度固定效应，并使用了稳健标准误。可以看出，对于匹配之后的样本，所有回归结果中 $d\_ln\_Rev \times DEC \times AbTone$ 与 $d\_ln\_Rev \times DEC \times AbTone\_d$ 的系数分别在 1% 与 5% 的水平上显著为负，说明本文的结论是稳健的。

表 4　稳健性检验——倾向得分匹配

变量	OLS 回归		加权 OLS 回归	
	AbTone	AbTone_d	AbTone	AbTone_d
d_ln_Rev	1.0036 ***	0.9926 ***	0.9604 ***	0.9385 ***
	(4.2829)	(4.2412)	(3.7267)	(3.6095)
DEC	− 0.0277	− 0.0275	− 0.0257	− 0.0279
	(− 0.5514)	(− 0.5467)	(− 0.4239)	(− 0.4529)
d_ln_Rev × DEC	− 0.2164	− 0.1914	− 0.1956	− 0.1656
	(− 0.4143)	(− 0.3667)	(− 0.3606)	(− 0.3045)
DEC × AbTone/AbTone_d	0.0092	− 0.0024	0.0258	− 0.0016
	(0.6473)	(− 0.5977)	(1.4380)	(− 0.3415)
d_ln_Rev × AbTone/AbTone_d	0.1255 **	0.0203 *	0.1801 **	0.0195
	(2.5026)	(1.8120)	(2.4752)	(1.4738)
AbTone/AbTone_d	− 0.0393 ***	− 0.0072 ***	− 0.0529 ***	− 0.0077 ***
	(− 4.3522)	(− 3.2915)	(− 4.0387)	(− 2.8387)
d_ln_Rev × DEC × AbTone/AbTone_d	− 0.2333 ***	− 0.0512 **	− 0.2677 ***	− 0.0540 **
	(− 3.0250)	(− 2.1316)	(− 2.7802)	(− 2.0601)
_cons	0.0073	0.0105	0.0440	0.0496
	(0.2850)	(0.4080)	(1.2295)	(1.3422)
Controls	Yes	Yes	Yes	Yes
d_ln_Rev × Controls	Yes	Yes	Yes	Yes
DEC × Controls	Yes	Yes	Yes	Yes
d_ln_Rev × DEC × Controls	Yes	Yes	Yes	Yes
年度固定效应	Yes	Yes	Yes	Yes
行业固定效应	Yes	Yes	Yes	Yes
样本量（个）	25065	25065	25065	25065
R²	0.8647	0.8646	0.8621	0.8619
调整的 R²	0.8642	0.8641	0.8616	0.8614

2. 稳健性检验——熵平衡匹配

Hainmueller（2012）提出了一种实现研究中协变量平衡的数据预处理方法——熵平衡法（Entropy Balancing）。该方法通过寻找一组权重，使处理组和控制组样本的所有特征变量的均值（mean）、方差（variance）、偏度（skewness）尽可能一致，然后基于权重采用加权 OLS 方法估计回归模型。参考杨国超和芮萌（2020）的做法，本文仍将 *AbTone_d* 为 1 的样本作为处理组，为 0 的样本作为控制组。表 5 报告了进行熵平衡匹配之后管理层异常积极语调与成本黏性关系的回归结果，其中第（1）和第（2）列为使用 *AbTone* 衡量异常积极语调的回归结果，第（3）和第（4）列为使用 *AbTone_d* 衡量异常积极语调的回归结果。可以看出，所有回归结果中 *d_ln_Rev* × *DEC* × *AbTone* 与 *d_ln_Rev* × *DEC* × *AbTone_d* 的系数分别在 1% 与 5% 的水平上显著为负，说明本文的结论是稳健的。

表 5　稳健性检验——熵平衡匹配

变量	（1）	（2）	（3）	（4）
	AbTone		*AbTone_d*	
d_ln_Rev	0.9925 ***	0.9628 ***	0.9790 ***	0.9504 ***
	(153.0150)	(3.7343)	(94.7837)	(3.6830)
DEC	− 0.0035	− 0.0458	− 0.0017	− 0.0450
	(− 1.5930)	(− 0.8221)	(− 0.5760)	(− 0.8021)
d_ln_Rev × *DEC*	− 0.0581 ***	− 0.3658	− 0.0190	− 0.3362
	(− 4.3848)	(− 0.7128)	(− 1.1427)	(− 0.6556)
DEC × *AbTone/AbTone_d*	0.0078	0.0055	− 0.0028	− 0.0035
	(0.5091)	(0.3645)	(− 0.6635)	(− 0.8250)
d_ln_Rev × *AbTone/AbTone_d*	0.1367 **	0.1112 *	0.0247 **	0.0207 *
	(2.2684)	(1.8906)	(2.0013)	(1.7041)
AbTone/AbTone_d	− 0.0465 ***	− 0.0430 ***	− 0.0088 ***	− 0.0079 ***
	(− 4.2534)	(− 3.9896)	(− 3.5420)	(− 3.2434)
d_ln_Rev × *DEC* × *AbTone/AbTone_d*	− 0.2736 ***	− 0.2475 ***	− 0.0712 ***	− 0.0615 **
	(− 3.2552)	(− 3.0245)	(− 2.8622)	(− 2.5523)
_cons	0.0162 **	0.0244	0.0210 ***	0.0290
	(2.2408)	(0.6928)	(2.8266)	(0.8137)
Controls	No	Yes	No	Yes
d_ln_Rev × *Controls*	No	Yes	No	Yes
DEC × *Controls*	No	Yes	No	Yes
d_ln_Rev × *DEC* × *Controls*	No	Yes	No	Yes
年度固定效应	Yes	Yes	Yes	Yes
行业固定效应	Yes	Yes	Yes	Yes
样本量（个）	26058	26058	26058	26058
R^2	0.8676	0.8699	0.8675	0.8699
调整的 R^2	0.8674	0.8695	0.8673	0.8694

3. 其他稳健性检验

本文还分别进行了以下稳健性检验。（1）控制公司固定效应，以解决可能随个体变化的遗漏变量问题。（2）更换变量度量方式。参考王华杰和王克敏（2018）的做法，更换模型重新构造管理层异常积极语调指标。（3）更换样本范围。Weiss（2010）、刘媛媛和刘斌（2014）等研究认为，制造业公司的收入受垄断价格的影响较小，同时相同行业公司之间的成本黏性更具有可比性，本文使用制造业公司样本来进一步验证本文结论的稳健性。以上稳健性检验中，$d\_ln\_Rev \times DEC \times AbTone$ 与 $d\_ln\_Rev \times DEC \times AbTone\_d$ 的系数均在 1% 或 5% 的水平上显著为负，均与本文主回归结果一致，说明本文结论是稳健的。限于文章篇幅，本文并未列示这些回归结果。

五、进一步分析

（一）机制分析

前文结果表明，管理层异常积极语调与公司成本黏性显著正相关，本节将进一步从过度投资角度来探究管理层异常积极语调与公司成本黏性之间的作用机制。当公司管理层出现过度投资行为时，公司的投入成本会相应大幅度增加，而当公司出现业务量下降时，往往很难削减已经过度增加的成本，从而导致公司成本黏性增加。

而对于语调异常积极的管理层，由于具有"乐观预期"的特质，他们会低估潜在的风险，高估未来收益，从而倾向于过度投资（Malmendier and Tate，2005；王霞、张敏和富生，2008）。基于此，本文构建以下模型来检验公司的成本黏性是否由语调异常积极的管理层的过度投资行为导致。

$$
\begin{aligned}
Invest_{i,t} = &\ \alpha_0 + \alpha_1 Size_{i,t} + \alpha_2 Lev_{i,t} + \alpha_3 Age_{i,t} + \alpha_4 Far_{i,t} + \alpha_5 Growth_{i,t} + \alpha_6 Ind_{i,t} \\
&+ \alpha_7 SOE_{i,t} + \alpha_8 EI_{i,t} + \alpha_9 AI_{i,t} + \alpha_{10} SD_{i,t} + \alpha_{11} GDP\_Growth_{i,t} \\
&+ \alpha_{12} Top1_{i,t} + \alpha_{13} MH_{i,t} + \sum Year + \sum Industry + \varepsilon_{i,t}
\end{aligned} \quad (4)
$$

$$
\begin{aligned}
Logit(OverInvest_{i,t}) = &\ \alpha_0 + \alpha_1 Size_{i,t} + \alpha_2 Lev_{i,t} + \alpha_3 Age_{i,t} + \alpha_4 Far_{i,t} + \alpha_5 Growth_{i,t} + \alpha_6 Ind_{i,t} \\
&+ \alpha_7 SOE_{i,t} + \alpha_8 EI_{i,t} + \alpha_9 AI_{i,t} + \alpha_{10} SD_{i,t} + \alpha_{11} GDP\_Growth_{i,t} \\
&+ \alpha_{12} Top1_{i,t} + \alpha_{13} MH_{i,t} + \sum Year + \sum Industry + \varepsilon_{i,t}
\end{aligned} \quad (5)
$$

其中，$Invest$ 表示公司过度投资，具体为使用 Richardson（2006）的模型进行 OLS 回归得到的残差；$OverInvest$ 为公司过度投资的哑变量，$Invest$ 大于 0 时取 1，其余为 0；其余变量为模型（1）的控制变量；模型（4）使用 OLS 模型进行回归，模型（5）使用 Logit 模型进行回归，均控制了公司的年度和行业固定效应，并使用了稳健标准误。表 6 报告了回归结果，当 $Invest$ 为被解释变量时，$AbTone$ 和 $AbTone\_d$ 的系数分别为 0.0165 和 0.0031，均在 1% 的水平上显著为正；当 *OverInvest* 为被解释变量时，*AbTone* 和 *AbTone_d* 的系数值分别为 0.5019 和 0.1036，同样均在 1% 的水平上显著为正，说明公司管理层语调越积极，公司越有可能进行过度投资行为，从而导致成本黏性。

表 6　管理层异常积极语调与成本黏性的机制检验

变量	(1)	(2)	(3)	(4)
	Invest		*OverInvest*	
AbTone	0.0165 ***		0.5019 ***	
	(5.6618)		(5.0279)	
AbTone_d		0.0031 ***		0.1036 ***
		(3.8008)		(3.7232)
Controls	Yes	Yes	Yes	Yes
d_ln_Rev × Controls	Yes	Yes	Yes	Yes
DEC × Controls	Yes	Yes	Yes	Yes
d_ln_Rev × DEC × Controls	Yes	Yes	Yes	Yes
年度固定效应	Yes	Yes	Yes	Yes
行业固定效应	Yes	Yes	Yes	Yes
样本量（个）	26058	26058	26058	26058
调整的 R^2/Pseudo R^2	0.0563	0.0556	0.0402	0.0399

（二）代理问题对管理层异常积极语调与成本黏性关系的影响

本文认为，代理问题的严重程度会影响管理层异常积极语调与公司成本黏性之间的关系。当公司代理问题比较严重时，管理层的非理性行为往往不能得到很好的约束，从而导致公司资源的错配，进而导致成本黏性；而当公司代理问题较轻时，管理层通常会以公司利益最大化为目标，减少非理性行为，同时也会较为客观与科学地进行公司决策。因此，可以推断，代理问题较为严重的公司管理层异常积极语调与成本黏性的正相关关系更强。

为了验证上述问题，参考 Jensen（1986），杨德明、林斌和王彦超（2009），梁上坤、陈冬和胡晓莉（2015）的研究，本文使用公司是否为四大会计师事务所审计（*Big*4）和公司自由现金流量（*FCFF*）来衡量公司代理问题的严重程度。其中，公司自由现金流量使用息前税后利润加上折旧与摊销减去营运资本增加与资本支出，与公司资产总计的比值度量，并根据其第 40 和第 60 百分位数作为分组依据，大于第 60 百分位数为 *FCFF* 高组，小于第 40 百分位数则为 *FCFF* 低组。

表 7 汇报了代理问题对管理层异常积极语调与成本黏性关系的影响的回归结果。其中当 *Big*4 = 1、*FCFF* 较低时，*d_ln_Rev × DEC × AbTone* 的系数无显著性；当 *Big*4 =

0、$FCFF$ 较高时，$d\_ln\_Rev \times DEC \times AbTone$ 的系数显著为负。以上结果说明，管理层异常积极语调与成本黏性的正相关关系仅在公司代理问题较为严重时显著。

表7　代理问题对管理层异常积极语调与成本黏性关系的影响

变量	四大审计	非四大审计	$FCFF$ 高	$FCFF$ 低
d_ln_Rev	2.1249 (1.2831)	0.9709 *** (4.0300)	1.2012 *** (3.6260)	0.3359 (0.9618)
DEC	0.0470 (0.2946)	− 0.0453 (− 0.8534)	− 0.0435 (− 0.5804)	− 0.0538 (− 0.6898)
$d\_ln\_Rev \times DEC$	− 11.5416 (− 1.4311)	− 0.1953 (− 0.3837)	− 0.8983 (− 1.4580)	1.1364 (1.3853)
$DEC \times AbTone$	− 0.0498 (− 1.0179)	0.0104 (0.7258)	0.0205 (0.9494)	− 0.0087 (− 0.4040)
$d\_ln\_Rev \times AbTone$	− 0.0119 (− 0.0625)	0.1362 *** (2.6750)	0.1470 * (1.8693)	0.0437 (0.6378)
$AbTone$	0.0073 (0.2553)	− 0.0443 *** (− 4.8199)	− 0.0535 *** (− 3.8524)	− 0.0200 (− 1.5010)
$d\_ln\_Rev \times DEC \times AbTone$	− 0.4183 (− 1.2019)	− 0.2532 *** (− 3.3020)	− 0.2446 ** (− 2.0949)	− 0.1634 (− 1.4736)
$\_cons$	− 0.0894 (− 0.9110)	0.0148 (0.5320)	− 0.0216 (− 0.5628)	0.0319 (0.7465)
$Controls$	Yes	Yes	Yes	Yes
$d\_ln\_Rev \times Controls$	Yes	Yes	Yes	Yes
$DEC \times Controls$	Yes	Yes	Yes	Yes
$d\_ln\_Rev \times DEC \times Controls$	Yes	Yes	Yes	Yes
年度固定效应	Yes	Yes	Yes	Yes
行业固定效应	Yes	Yes	Yes	Yes
样本量(个)	1566	24488	10414	10414
R^2	0.8752	0.8664	0.8591	0.8766
调整的 R^2	0.8680	0.8660	0.8579	0.8755

（三）管理层异常积极语调与期间费用黏性

大量研究表明，公司的期间费用同样存在黏性。前文主要研究了管理层异常积极语调与营业成本黏性的关系，本节进一步研究语调异常积极的管理层是否会增加公司的期间费用黏性。

表8汇报了管理层异常积极语调与三大期间费用黏性关系的回归结果。可以看出，第（1）列与第（2）列中 $d\_ln\_Rev \times DEC \times AbTone$ 的系数分别为 − 0.0403 和

-0.6062，均无显著性，说明管理层异常积极语调与管理费用黏性和财务费用黏性不存在相关性；第（3）列中 $d\_ln\_Rev \times DEC \times AbTone$ 的系数为 -0.3531，在 5% 的水平上显著，说明管理层异常积极语调与销售费用黏性存在正相关关系。一个可能的解释为，由于本文研究的管理层语调是基于公司管理层讨论与分析（MD&A）得到的，其中更多地阐述了与公司销售业务相关的问题，而对公司筹资活动和行政管理活动提及得相对较少。

表 8　期间费用黏性与管理层异常积极语调

变量	（1） 管理费用	（2） 财务费用	（3） 销售费用
d_ln_Rev	-2.1626 ***	-1.4455	-2.2253 ***
	（-4.9641）	（-0.7976）	（-3.5712）
DEC	0.0053	-0.8214 **	-0.0359
	（0.0518）	（-2.0338）	（-0.2404）
$d\_ln\_Rev \times DEC$	2.0409 ***	-0.0662	2.4420 **
	（2.7028）	（-0.0185）	（2.2583）
$DEC \times AbTone$	0.0033	-0.0991	0.0171
	（0.1116）	（-0.8593）	（0.3995）
$d\_ln\_Rev \times AbTone$	0.0901	0.1913	0.1887 **
	（1.3791）	（0.7410）	（2.0075）
$AbTone$	0.0650 ***	0.0646	0.0377
	（3.6279）	（0.9214）	（1.4564）
$d\_ln\_Rev \times DEC \times AbTone$	-0.0403	-0.6062	-0.3531 **
	（-0.3442）	（-1.3219）	（-2.0918）
$\_cons$	0.0566	0.3018	0.1546 *
	（1.0086）	（1.3698）	（1.9066）
Controls	Yes	Yes	Yes
$d\_ln\_Rev \times Controls$	Yes	Yes	Yes
$DEC \times Controls$	Yes	Yes	Yes
$d\_ln\_Rev \times DEC \times Controls$	Yes	Yes	Yes
年度固定效应	Yes	Yes	Yes
行业固定效应	Yes	Yes	Yes
样本量（个）	26039	23131	25444
R^2	0.2257	0.0647	0.2112
调整的 R^2	0.2230	0.0611	0.2084

六、研究结论

本文从公司管理层异常语调与公司成本黏性的角度出发，考察此类"语调不对称"的管理者如何进行公司的成本管理决策。主要得出以下结论：（1）管理层异常积极语调与公司成本黏性呈现正相关关系；（2）公司管理层语调越积极，公司越有可能进行过度投资行为，从而导致成本黏性；（3）管理层异常积极语调与公司成本黏性的正相关关系仅存在于代理问题较为严重的公司当中；（4）管理层异常积极语调与公司销售费用黏性显著正相关，而与管理费用黏性和财务费用黏性并没有显著相关性。

本文研究具有重要的理论及现实意义。首先，本文从管理层自身特质出发，认为管理层语调可在一定程度上反映管理层的行为特征，并在一定程度体现在公司决策上，丰富了有关管理层语调信息含量的研究；其次，本文首次将管理层语调与公司成本管理策略联系起来，并研究了在不同约束条件下二者的关系，从管理层自身语言披露角度解释了公司产生成本黏性的动因，为该领域的文献做出了重要补充；最后，本文的研究为国家监管部门对管理层行为的监督和规范提供一定的参考。

参考文献

甘丽凝，陈思，胡珉，王俊秋 . 2019. 管理层语调与权益资本成本——基于创业板上市公司业绩说明会的经验证据 . 会计研究，6：27 – 34.

江伟，胡玉明，吕喆 . 2015. 应计盈余管理影响企业的成本粘性吗 . 南开管理评论，2：83 – 91.

孔玉生，朱乃平，孔庆根 . 2007. 成本粘性研究：来自中国上市公司的经验证据 . 会计研究，11：58 – 65.

李晓溪，杨国超，饶品贵 . 2019. 交易所问询函有监管作用吗？——基于并购重组报告书的文本分析 . 经济研究，54（5）：181 – 198.

梁上坤 . 2018. 机构投资者持股会影响公司费用粘性吗 . 管理世界，34（12）：133 – 148.

梁上坤，陈冬，胡晓莉 . 2015. 外部审计师类型与上市公司费用粘性 . 会计研究，2：79 – 86.

林乐，谢德仁 . 2016. 投资者会听话听音吗？——基于管理层语调视角的实证研究 . 财经研究，42（7）：28 – 39.

林煜恩，李欣哲，卢扬 . 2020. 管理层语调的信号和迎合：基于中国上市企业创新的研究 . 管理科学，33（4）：53 – 66.

刘媛媛，刘斌 . 2014. 劳动保护、成本粘性与企业应对 . 经济研究，49（5）：63 – 76.

王华杰，王克敏 . 2018. 应计操纵与年报文本信息语气操纵研究 . 会计研究，4：45 – 51.

王霞，张敏，于富生 . 2008. 管理者过度自信与企业投资行为异化——来自我国证券市场的经验证据 .

南开管理评论，2：77 – 83.

谢德仁，林乐. 2015. 管理层语调能预示公司未来业绩吗？——基于我国上市公司年度业绩说明会的文本分析. 会计研究，2：20 – 27.

杨德明，林斌，王彦超. 2009. 内部控制、审计质量与代理成本. 财经研究，35（12）：40 – 49.

杨国超，芮萌. 2020. 高新技术企业税收减免政策的激励效应与迎合效应. 经济研究，9：174 – 191.

朱朝晖，许文瀚. 2018. 上市公司年报语调操纵、非效率投资与盈余管理. 审计与经济研究，33（3）：63 – 72.

Anderson, M. C. , R. D. Banker & S. Janakiraman. 2003. Are selling, general, and administrative costs "sticky". *Journal of Accounting Research*, 41（1）：47 – 63.

Bian, S. , D. Jia, F. Li & Z. Yan. 2021. A new Chinese financial sentiment dictionary for textual analysis in accounting and finance. *SSRN Working Paper*.

Chen, C. X. , H. Lu & T. Sougiannis. 2012. The agency problem, corporate governance, and the asymmetrical behavior of selling, general, and administrative costs. *Contemporary Accounting Research*, 29（1）：252 – 282.

Davis, A. K. & I. Tama – Sweet. 2012. Managers' use of language across alternative disclosure outlets：Earnings press releases versus MD&A. *Contemporary Accounting Research*, 29（3）：838 – 844.

Hainmueller, J. 2012. Entropy balancing for causal effects：A multivariate reweighting method to produce balanced samples in observational studies. *Political Analysis*, 20（1）：25 – 46.

Huang, X. , S. H. Teoh & Y. Zhang. 2014. Tone management. *Accounting Review*, 89（3）：1083 – 1113.

Jensen, M. C. 1986. Agency costs of free cash flow, corporate finance, and takeovers. *The American Economic Review*, 76（2）：323 – 329.

Lee, J. M. , B. H. Hwang & H. Chen. 2016. Are founder CEOs more overconfident than professional CEOs? Evidence from S&P 1500 companies. *Strategic Management Journal*, 38（3）：751 – 769.

Li, F. 2010. The information content of forward – looking statements in corporate filings—A nave Bayesian machine learning approach. *Journal of Accounting Research*, 48（5）：1049 – 1102.

Malmendier, U. & G. Tate. 2005. CEO overconfidence and corporate investment. *Journal of Finance*, 60（6）：2661 – 2700.

Martikainen, M. , A. Miihkinen & L. Watson. 2019. Board characteristics and disclosure tone. *SSRN Working Paper*.

Price, S. M. , J. S. Doran & D. R. Peterson. 2012. Earnings conference calls and stock returns：The incremental informativeness of textual tone. *Journal of Banking & Finance*, 36（4）：992 – 1011.

Richardson, S. 2006. Over-investment of free cash flow. *Review of Accounting Studies*, 11（2 – 3）：159 – 189.

Subramaniam, C. & M. W. Watson. 2016. Additional evidence on the sticky behavior of costs. *Advances in Management Accounting*, 26：275 – 305.

Weiss, D. 2010. Cost behavior and analysts' earnings forecasts. *The Accounting Review*, 85（4）：1441 – 1471 .

The Abnormal Positive Tone of Management and Enterprise Cost Management:

Textual Analysis Based on MD&A of Listed Companies

Xianwang Shi, Zhiyu Liu

Abstract: From the perspective of the abnormal positive tone of management and the cost stickiness, this paper examines how managers with "asymmetric tone" make cost management decisions. The empirical results show that the abnormal positive tone of management is positively correlated with the company's cost stickiness. Through the mechanism test, we find that the more positive the corporate management tone is, the more likely it is to over-invest, which leads to cost stickiness. Further analysis shows that the positive correlation between the abnormal positive tone of management and cost stickiness is significant only when the agency problem is serious. Finally, we study the relationship between the abnormal positive tone of management and the company's period expense stickiness, and finds that it is significantly positive correlation with the company's selling expense stickiness. This study not only enriches the research on information content of management tone and cost stickiness, but also provides some reference for regulatory authorities.

Keywords: Management Tone; Cost Stickiness; Optimistic Expectation; Textual Analysis

第 20 卷，第 2 辑，2021 年
Vol. 20，No. 2，2021

会 计 论 坛
Accounting Forum

研发战略联盟对企业经营业绩的影响研究*

——来自创业板市场的经验证据

汪平平　　徐　欣　　张腾涛

【摘　要】在创新驱动发展战略的指引下，近年来企业之间的研发战略联盟日趋增多。本文以创业板公司为研究对象，分析了研发战略联盟对企业经营业绩的影响及其作用机理。运用"匹配法和双重差分法"研究发现，企业缔结研发战略联盟对盈利能力具有显著的提升作用。在反映盈利能力的多项指标方面，缔结研发战略联盟的企业都强于未缔结研发战略联盟的企业。进一步研究发现，企业缔结研发战略联盟能够显著减少经营业绩风险，在反映盈利风险的多项指标方面，缔结研发战略联盟的企业都弱于未缔结研发战略联盟的企业。这为我们深入认识研发战略联盟对企业经营业绩的影响提供了理论基础和经验证据，并为企业着力提升竞争优势提供了决策依据和政策建议。

【关键词】研发战略联盟；经营业绩；盈利能力；盈利风险

收稿日期：2021 - 06 - 09

基金项目：国家自然科学基金项目（71872183）

作者简介：汪平平，女，立信会计师事务所（特殊普通合伙）湖北分所业务合伙人，中南财经政法大学会计学院博士研究生；徐欣（通讯作者），男，博士，中南财经政法大学会计学院教授，xuxinfeiji@ 126. com；张腾涛，男，杭州金投产业基金管理有限公司。

* 作者感谢匿名审稿人对本文的宝贵意见，但文责自负。

一、引言

缔结战略联盟不仅是企业重要的竞争和战略行为（Porter，1985），而且是重新划定企业边界的机制（Robinson，2008）。近年来，中国企业之间的联盟大量涌现，尤其是在国家创新驱动发展战略的指引下，研发战略联盟呈现快速增长的趋势。本文基于此背景，研究经济学和管理学共同关注的一个重要问题：企业边界的改变如何影响经营业绩。

理解企业边界改变的经济含义是经济学和管理学的一个核心问题。联盟是两个或两个以上的企业为了共同的投资项目而签订的长期合同安排（Porter，1985）。联盟不仅能够帮助企业获取新的信息、资源和能力（Doz and Hamel，1998；Beshears，2013），而且减少和分担了环境不确定性（Hennart，1988；Palia，Ravid and Reisel，2008），进而企业能够增强竞争优势和市场力量（Kogut，1988）。更为重要的是，联盟极大地拓展了企业的边界，从而改善了企业在个体层面的资源配置和代理问题，进而对企业经营业绩产生影响。因此，战略联盟对企业具有深远的经济含义。

从国内现有的文献来看，虽然学者对研发战略联盟如何影响企业创新进行了有益的探究（薛卫、雷家骕和易难，2010；高太山和柳卸林，2016；徐欣、郑国坚和张腾涛，2019），但是，我们对中国企业的研发战略联盟的特征形态、演进过程以及经济后果还缺少应有的清晰认识，尤其是鲜有关于研发战略联盟影响企业经营业绩的经验证据。在现实中，缔结研发战略联盟后的企业经营业绩存在两种典型情形：一种是类似于大连智云股份（300097），在缔结研发战略联盟后盈利能力大幅提升；另一种则是诸如东莞宜安科技（300328），在缔结研发战略联盟后经营业绩严重缩水。因此，研发战略联盟能否改善中国企业经营业绩是一个有待实证检验的重要问题。本文以研发战略联盟活动活跃的创业板公司为研究对象，基于企业盈利能力和盈利风险两个维度，分析和检验研发战略联盟是否以及如何影响企业经营业绩。

本文主要的研究发现如下。第一，企业缔结研发战略联盟对盈利能力具有显著的提升作用。在反映盈利能力的多项指标方面，缔结研发战略联盟的企业都强于未缔结研发战略联盟的企业。第二，企业缔结研发战略联盟能够显著减少盈利风险，在反映盈利风险的多项指标方面，缔结研发战略联盟的企业都弱于未缔结研发战略联盟的企业。上述发现为中国企业更快更好地提升竞争优势提供了理论指导：研发战略联盟是改善企业经营业绩的有效组织形式，为此，企业可以通过构建和参与研发战略联盟的组织形式来提升盈利能力和降低盈利风险。

有别于前人的研究，本文希望在以下方面做出边际贡献。第一，研发战略联盟能否提升企业经营业绩，并未在学术研究范围内达成一个统一的认识，不同地区和国家的经验证据相差较大，还存在种种矛盾和诸多争议（高太山和柳卸林，2016；Man and

Duysters，2005；Kale and Singh，2009）。此外，对于新兴市场国家中研发战略联盟与企业经营业绩之间的关系，现有的研究文献缺少关注，相应的经验证据仍是空白（Das，2006；武长岐，2010；徐欣、郑国坚和张腾涛，2019）。本文针对中国企业研发战略联盟与经营业绩关系的经验证据，为研究新兴市场国家中研发战略联盟的现象提供了一个十分必要的初步认识，基于经营业绩的角度能够更加深入地认识研发战略联盟的经济后果，这有助于我国研发战略联盟理论的发展。

第二，本文在识别研发战略联盟和检验研发战略联盟经济后果的方法上亦有贡献。以往国内研究主要采用问卷调查的方法来确认企业是否缔结联盟，然而，在问卷调查中会存在一定程度的主观性，从而并不能准确地识别研发战略联盟。而本文是以上市公司所发布的公告来识别它是否缔结了研发战略联盟，这种方法能够客观和准确地识别出缔结联盟的公司。此外，企业缔结联盟和经营业绩之间有较强的内生性问题，一般的回归分析难以得出二者之间的因果关系。因此，本文使用双重差分（Difference in Differences，简称 DID）法检验研发战略联盟对企业经营业绩的影响，并使用倾向得分匹配（Propensity Score Matching，简称 PSM）法来缓解内生性问题。

二、理论分析与研究假设

（一）研发战略联盟影响企业盈利能力假说

一般而言，缔结战略联盟是企业适应外部环境、趋利避害的结果。作为企业普遍采用的重要战略，联盟的核心问题是能否以及如何为联盟各方创造价值。战略联盟是企业之间通过签订合作契约的方式所形成的长期、稳定的伙伴关系，并非一次性交易，这极大地减少了交易成本和信息不对称。因此，交易费用经济学指出联盟之所以存在，是因为能够减少交易成本（Hennart，1988；Williamson，1991）。联盟是企业拓展边界后形成的介于企业和市场之间的混合组织形式，而联盟这种混合组织形式能够最优地平衡不同企业的激励因素，进而为联合生产进程做出贡献（Robinson，2008）。因此，交易费用经济学指出，联盟是资源配置的一种优化机制（Hennart，1988），而研发战略联盟则是进行 R&D 活动的一种有效组织形式（Williamson，1991），有助于实现技术创新的规模经济和范围经济（Tripsas，Schrader and Sobrero，1995）。

Aghion 和 Tirole（1994）进一步指出，在资源共享的联盟中，联盟合伙人应当根据各自创造价值的比较优势来进行产权分割。这一观点被广泛应用于战略管理理论中，即企业可以通过自身的比较优势来缔结战略联盟，以促进彼此之间的学习，进而制定和协调技术标准，并获取其他企业的比较优势和能力（Doz and Hamel，1998；Kogut，1988）。Mowery、Oxley 和 Silverman（1996）基于美国公司的数据，研究发现联盟促进了伙伴之间知识的流动、转移和分享。之后，Gomes - Casseres、Hagedoorn 和 Jaffe

（2006）的实证结果也支持了这一观点。

虽然 Mowery、Oxley 和 Silverman（1996）和 Gomes - Casseres、Hagedoorn 和 Jaffe（2006）研究发现，研发战略联盟是企业之间转移知识和技术的有效途径，可以促进联盟伙伴之间知识的流动、转移和分享，但是他们并未检验研发战略联盟能否提升企业的盈利能力。此外，在当前中国企业实践中，研发战略联盟对企业经营业绩的影响存在两种典型情形：一种是类似于大连智云股份，在缔结研发战略联盟后盈利能力大幅提升；另一种则是诸如东莞宜安科技，在缔结研发战略联盟后经营业绩严重缩水。为此，研发战略联盟是否能够提升我国企业的盈利能力是一个有待检验的实证问题。基于上述分析，本文提出研究假设 H1：

H1a　在其他条件不变的情况下，研发战略联盟能够提升企业盈利能力。

H1b　在其他条件不变的情况下，研发战略联盟能够降低企业盈利能力。

（二）研发战略联盟影响企业盈利风险假说

战略管理文献指出减少风险是企业形成战略联盟的主要动因。成本和收入共享的战略联盟可以起到风险对冲的作用，研发战略联盟尤为如此。首先，研发战略联盟能减少和分担研发风险和巨额的成本（Hennart，1988；Palia，Ravid and Reisel，2008）。企业研发活动是一个复杂的过程，它大致会经历开始→失败→突破→新技术的诞生→专利权的获得→新产品的推出等一系列过程（Kelm，Narayanan and Pinches，1995）。这一复杂的过程使得研发活动存在很大的内在不确定性，其成功与否是非线性的、波动的和随机的。而资源共享的研发战略联盟能够将风险较高的研发活动进行"联合生产"，通过签订合作契约来合理分散风险，进而促使研发战略联盟中的企业能够从事自己无法独自完成的研发活动，这极大地推进了技术创新的进程（Robinson，2008）。

其次，缔结研发战略联盟可以视为一种实物期权（Mody，1993）。企业可能对市场中某一初创企业的在研技术感兴趣，欲收购之，但是企业在没有获得确凿的信息之前并不希望完全履行收购的承诺。为此，在并购之前缔结研发战略联盟能够有效减少企业的风险。研发战略联盟所形成的期权价值随着环境风险的增加而变得更大。由此可见，研发战略联盟能够减少企业经营业绩的风险。

然而，在现实中，战略联盟并非总能实现预期的目标以及形成双赢，有些会严重损害成员的利益（Kale and Singh，2009），很多研发战略联盟往往存在较高的失败率（高太山和柳卸林，2016）以及极大的不稳定性（Das and Teng，2000）。Das 和 Teng（2000）研究指出，联盟的不稳定性要远远超出预期，事实上只有不到一半的联盟表现得令人满意，联盟的不稳定率接近 50%。

Duso、Pennings 和 Seldeslachts（2010）指出，基于合作契约的研发战略联盟在本质上是不稳定的组织形式。主要原因在于，信息不对称以及知识和技术的资产专用性容易导致研发战略联盟存在较高的道德风险，联盟中容易出现双边机会主义行为（Hart，1988），这导致一方会通过损害另一方利益的方式来谋求自身利益（Lerner and Malmendier，2010），包括搭便车、关键技术的泄漏、关键技术人才的流失、不履行事先约定的义务、联盟任务配置和利益分配不合理、剽窃合作伙伴的专有技术、在合作中恶意隐瞒或扭曲信息等。双边机会主义和投机行为会深远地影响联盟中企业经营业绩的稳定性，从而会增加企业经营业绩的风险。然而，我们对联盟伙伴机会主义行为这一关键现象前因后果的了解还远远不够（Das，2006）。由此可见，研发战略联盟对企业经营业绩风险的影响存在抑制或者促进两种截然相反的可能性，是一个值得检验的重要问题。基于上述分析，本文提出研究假设 H2：

H2a　在其他条件不变的情况下，研发战略联盟能够减少企业盈利风险。
H2b　在其他条件不变的情况下，研发战略联盟能够增加企业盈利风险。

三、研究设计

（一）样本选取和研发战略联盟的识别

本文以 2009～2017 年创业板公司为研究对象，并根据上市公司发布的公告来确认它是否缔结了研发战略联盟。本文以深交所上市公司信息披露系统中收录的 2009～2017 年创业板公司的公告为初始样本，根据公告的标题和内容筛选出 709 个关于联盟的公告，并按照以下步骤识别研发战略联盟公告；第一，剔除企业与政府或非营利组织缔结的战略联盟公告；第二，剔除失败、停止实施、无任何进展的战略联盟公告；第三，剔除后期正式签订战略合作框架协议的前期意向公告；第四，剔除联盟方退市的战略联盟公告；第五，剔除不涉及研发、专利、技术创新和技术合作等内容的联盟公告。本文最终获得 112 家公司发布的 169 个企业间研发战略联盟公告，相应的识别过程如表 1 所示。此外，本文采用的财务数据和企业特征数据来源于 WIND 数据库和 CSMAR 数据库。

表 1　研发战略联盟的识别

项目	联盟公告数量（个）	公司家数（家）
2009～2017 年创业板公司所发布的联盟公告	709	280
减：剔除企业与政府或非营利组织缔结的战略联盟公告	198	—

项目	联盟公告数量(个)	公司家数(家)
剔除失败、停止实施、无任何进展的战略联盟公告	12	—
剔除后期正式签订战略合作框架协议的前期意向公告	4	—
剔除联盟方退市的战略联盟公告	1	—
剔除不涉及研发、专利、技术创新和技术合作等内容的联盟公告	325	—
研发战略联盟数量	169	112

表 2 报告了创业板公司研发战略联盟的年度分布情况。创业板公司除 2009 年未缔结研发战略联盟外，在 2010～2017 年研发战略联盟数量呈现持续增长的趋势，研发战略联盟数量和缔结研发战略联盟的公司数量从 2010 年的 4 个和 3 家，大幅上升到 2017 年的 57 个和 49 家。截至 2017 年，710 家创业板公司中有 112 家公司缔结了 169 个研发战略联盟，公司占比为 15.77%。

表 2　创业板公司研发战略联盟的年度分布

年度	上市公司数量 (家)	研发战略联盟数量 (个)	缔结研发战略联盟公司 数量(家)	缔结研发战略联盟的公司 数量占比(%)
2009	36	0	0	—
2010	153	4	3	1.96
2011	280	6	6	2.14
2012	354	4	4	1.13
2013	354	10	9	2.54
2014	404	13	12	2.97
2015	491	33	25	5.09
2016	569	42	35	6.15
2017	710	57	49	6.90
总体	—	169	112	15.77

注：本文未考虑退市的大华农（300186）和欣泰电气（300372）。

（二）模型设定和变量定义

本文使用 DID 方法检验研发战略联盟对企业经营业绩的影响，并使用 PSM 方法来缓解内生性问题。本文以缔结研发战略联盟的公司作为实验组，以没有缔结研发战略联盟的公司作为对照组。本文采用 PSM 方法对实验组和对照组进行一对一最近邻匹配，按照相同年度的原则，为每个缔结研发战略联盟的公司匹配，然后进行基于 DID 方法的回归分析。

匹配的变量包括：公司所在的行业（*Industry*）①、年龄（*Age*）、资产规模（*Assets*）② 以及缔结联盟前一年的经营业绩（包括营业净利率 *NPM*、总资产报酬率 *ROA*、净资产收益率 *ROE*、每股收益 *EPS* 和营业利润 *OP*）。需要说明的是，由于实验组中有少量的公司缔结了两个及以上的研发战略联盟，因此，本文将一家公司多次缔结研发战略联盟视为一次处理效应。具体采用的检验模型如下：

$$Financial\ performance = \alpha_0 + \alpha_1 RDA + \alpha_2 After + \alpha_3 RDA \times After + \alpha_4 X + \alpha_5 YeraFE \\ + \alpha_6 FirmFE + \zeta \tag{1}$$

$$Std(Financial\ performance) = \beta_0 + \beta_1 RDA + \beta_2 After + \beta_3 RDA \times After + \beta_4 X \\ + \beta_5 YearFE + \beta_6 FirmFE + \zeta \tag{2}$$

为了更好地度量企业绩效（*Financial performance*），本文分别用营业净利率（*NPM*）、总资产报酬率（*ROA*）、净资产收益率（*ROE*）、每股收益（*EPS*）和营业利润（*OP*）作为企业盈利能力的替代变量。根据以往相关文献（Kothari，Laguerre and Leone，2002；权小锋和吴世农，2010；Ciftci and Cready，2011；徐欣和唐清泉，2012），我们用三年内营业净利率的标准差（*StdNPM*）、三年内总资产报酬率的标准差（*StdROA*）、三年内净资产收益率的标准差（*StdROE*）、三年内每股收益的标准差（*StdEPS*）以及三年内营业利润的标准差（*StdOP*）作为企业盈利风险的替代变量。

虚拟变量 *RDA* 为 1 时代表缔结研发战略联盟的实验组，*RDA* 为 0 时表示对照组。*After* 是代表缔结研发战略联盟前后时间段的虚拟变量，*After* 为 1 时表示缔结研发战略联盟当年及以后年度，*After* 为 0 时代表缔结研发战略联盟以前年度。交互项 *RDA* × *After* 的回归系数反映研发战略联盟缔结前后实验组与对照组之间盈利能力和盈利风险的差异。具体而言：如果研发战略联盟能够提升企业盈利能力，则模型（1）中交互项的回归系数 α_3 显著为正；如果研发战略联盟能够减少企业盈利风险，则模型（2）中交互项的回归系数 β_3 显著为负。

X 表示控制变量。根据以往文献（Kothari，Laguerre and Leone，2002；权小锋和吴世农，2010；Ciftci and Cready，2011；徐欣和唐清泉，2012），本文对以下变量进行控制：研发强度（*R&D/Assets*）、生命周期（*Age*）、投资机会（*Tobin's Q*）、财务风险（*Lev*）、股权激励（*Incentive*）、两职合一（*Duality*）、第一大股东（*Largest*）、独立董事（*IndepDirector*）、年度固定效应（*YearFE*）和企业固定效应（*FirmFE*）。模型中各变量的具体定义和度量如表 3 所示。

---

① 公司所在的行业（*Industry*）根据证监会《上市公司行业分类指引》（2012 年修订）进行分类。对于农、林、牧、渔业（A），采矿业（B），电力、热力、燃气及水生产和供应业（D），建筑业（E），批发和零售业（F），交通运输、仓储和邮政业（G），信息传输、软件和信息技术服务业（I），金融业（J），租赁和商务服务业（L），科学研究和技术服务业（M），水利、环境和公共设施管理业（N），卫生和社会工作（Q），文化、体育和娱乐业（R），以行业分类代码的大写英文字母为准；对于制造业行业（C）以行业代码前两位数字为准。

② 匹配变量中 *Assets* 为公司期末总资产的自然对数值，为更好地展现匹配的效果，在描述性统计和倾向得分匹配相关分析中会涉及该变量。

表 3　变量定义

变量类型	变量名称	变量符号	变量定义与计算方式
因变量	营业净利率	NPM	净利润/营业收入
	总资产报酬率	ROA	净利润/总资产平均余额,总资产平均余额 =(当年期末总资产 + 当年期初总资产)/2
	净资产收益率	ROE	净利润/股东权益平均余额,股东权益平均余额 =(股东权益当年期末余额 + 股东权益当年期初余额)/2
	每股收益	EPS	净利润/股本
	营业利润	OP	营业利润/总资产平均余额,总资产平均余额 =(当年期末总资产 + 当年期初总资产)/2
	营业净利率波动性	StdNPM	三年内营业净利率的标准差
	总资产报酬率波动性	StdROA	三年内总资产报酬率的标准差
	净资产收益率波动性	StdROE	三年内净资产收益率的标准差
	每股收益波动性	StdEPS	三年内每股收益的标准差
	营业利润波动性	StdOP	三年内营业利润的标准差
考察变量	研发战略联盟	RDA	虚拟变量,如果公司缔结了研发战略联盟,则取值1,否则取0
	缔结研发战略联盟前后的时间段	After	虚拟变量,缔结联盟当年及以后年度取值1,缔结联盟之前年度取值0
控制变量	研发强度	R&D/Assets	公司当年研究开发支出与总资产平均余额的比值,总资产平均余额 =(当年期末总资产 + 当年期初总资产)/2
	生命周期	Age	公司的年龄,Age =(当期期末 − 成立日期)/365
	财务风险	Lev	公司资产负债率:负债/总资产
	投资机会	Tobin's Q	上一期期末市值与账面资产的比值,其中市值 =(总股数 − 境内上市的外资股 B 股)× 收盘价 A 股 + 境内上市的外资股 B 股 × 收盘价 × 当日汇率 + 负债
	股权激励	Incentive	虚拟变量,如果公司当年存在股权激励则取值1,否则取0
	两职合一	Duality	虚拟变量,如果 CEO 兼任董事长,则取值1,否则取0
	第一大股东	Largest	公司第一大股东的持股比例
	独立董事	IndepDirector	公司独立董事的比例
	年度固定效应	YearFE	虚拟变量,如果公司是处于该年度,则取值1,否则取0
	企业固定效应	FirmFE	企业不随时间变化的个体效应

四、实证结果及其分析

(一) 描述性统计结果分析

为了消除异常值的影响，本文对连续变量进行了 1% 水平的 Winsorize 处理。表 4 报告了主要变量的描述性统计结果。在盈利能力方面，*NPM*、*ROA*、*ROE*、*EPS*、*OP* 的均值分别为 0.091、0.047、0.072、0.292、0.048，这说明样本公司具有一定的盈利能力。在盈利风险方面，*StdNPM*、*StdROA*、*StdROE*、*StdEPS*、*StdOP* 的均值分别为 0.078、0.023、0.038、0.195、0.026，这说明样本公司的业绩波动性较小。在技术研发方面，*R&D/Assets* 的均值为 0.026，这一数值超过了国际公认的企业基本生存线 2%，这说明创业板公司对自主创新高度重视。

表 4　主要变量的描述性统计

变量	样本数(个)	均值	标准差	最小值	最大值	1/4 分位数	中位数	3/4 分位数
NPM	500	0.091	0.185	− 1.070	0.356	0.050	0.112	0.179
ROA	500	0.047	0.050	− 0.156	0.156	0.023	0.052	0.073
ROE	500	0.072	0.088	− 0.359	0.237	0.039	0.077	0.119
EPS	500	0.292	0.390	− 1.876	1.326	0.131	0.308	0.483
OP	500	0.048	0.056	− 0.168	0.178	0.021	0.050	0.077
StdNPM	500	0.078	0.215	0.002	1.626	0.015	0.028	0.055
StdROA	500	0.023	0.030	0.001	0.227	0.008	0.015	0.025
StdROE	500	0.038	0.048	0.001	0.319	0.015	0.024	0.040
StdEPS	500	0.195	0.203	0.012	1.210	0.079	0.147	0.225
StdOP	500	0.026	0.031	0.002	0.218	0.010	0.017	0.030
R&D/Assets	500	0.026	0.017	0	0.116	0.015	0.021	0.032
Age	500	15.12	3.814	7.953	30.10	12.41	14.58	17.32
Assets	500	21.88	0.785	19.68	24.20	21.32	21.89	22.46
Lev	500	0.369	0.172	0.046	1.037	0.230	0.367	0.496
Tobin's Q	500	3.580	2.041	1.072	17.50	2.211	3.111	4.275
Incentive	500	0.454	0.498	0	1	0	0	1
Duality	500	0.374	0.484	0	1	0	0	1
Largest	500	0.319	0.130	0.044	0.648	0.213	0.300	0.423
IndepDirector	500	0.373	0.051	0.250	0.571	0.333	0.333	0.429

表 5 中的数据显示，在 PSM 前，实验组与对照组在资产规模（*Assets*）、财务风险（*Lev*）和第一大股东（*Largest*）方面均存在显著性差异；在 PSM 后，协变量均不存在显著差异，这说明 PSM 的效果较好，满足使用 PSM - DID 的平衡假设。

表5　PSM 前后协变量均值的 t 检验

变量	PSM 前			PSM 后		
	实验组	对照组	平均差异	实验组	对照组	平均差异
R&D/Assets	0.0267	0.0283	−0.0016	0.0267	0.0234	0.0033
Age	14.9444	14.3466	0.5978	14.9444	14.3717	0.5727
Assets	21.7986	21.1853	0.6133 ***	21.7986	21.7428	0.0558
Lev	0.3550	0.2769	0.0781 ***	0.3550	0.3384	0.0166
Tobin's Q	4.6710	4.3492	0.3218	4.6710	3.6515	1.0195
Incentive	0.4737	0.4126	0.0611	0.4737	0.4688	0.0049
Duality	0.3947	0.3856	0.0091	0.3947	0.4063	−0.0116
Largest	0.3500	0.3129	0.0371 *	0.3500	0.3397	0.0103
IndepDirector	0.3825	0.3818	0.0007	0.3825	0.3626	0.0199

注：*、*** 分别表示 10% 与 1% 的显著性水平。

表6 对创业板上市公司 2009～2017 年研发战略联盟的行业分布情况给予了描述，可以发现，研发战略联盟具有鲜明的行业集中性。其中，缔结研发战略联盟最活跃的四个行业分别是信息传输、软件和信息技术服务业（I），电气机械及器材制造业（C38），专用设备制造业（C35）和计算机、通信和其他电子设备制造业（C39），分别为 33 个、31 个、24 个和 23 个。值得注意的是，上述行业都属于国家认定的战略性新兴产业。由此可见，研发战略联盟内生于行业环境，具有明显的行业聚类特征。

表6　研发战略联盟的行业分布

行业名称	行业代码	上市公司数量（家）	研发战略联盟数量（个）	研发战略联盟公司数量（家）	占同行业公司数量的比重（%）
农、林、牧、渔业	A	6	1	1	16.67
采矿业	B	4	1	1	25.00
农副食品加工业	C13	4	0	0	—
食品制造业	C14	3	3	1	33.33
纺织业	C17	2	0	0	—
纺织服装、服饰业	C18	1	0	0	—
皮革、毛皮、羽毛及其制品和制鞋业	C19	1	0	0	—
家具制造业	C21	2	0	0	—
文教、工美、体育和娱乐用品制造业	C24	3	0	0	—
化学原料及化学制品制造业	C26	48	4	2	4.17
医药制造业	C27	54	4	3	5.56

行业名称	行业代码	上市公司数量（家）	研发战略联盟数量（个）	研发战略联盟公司数量（家）	占同行业公司数量的比重（%）
化学纤维制造业	C28	1	0	0	—
橡胶和塑料制品业	C29	22	5	4	18.18
非金属矿物制品业	C30	19	0	0	—
有色金属冶炼及压延加工业	C32	7	2	1	14.29
金属制品业	C33	5	1	1	20.00
通用设备制造业	C34	31	14	6	19.35
专用设备制造业	C35	72	24	18	25.00
汽车制造业	C36	12	1	1	8.33
铁路、船舶、航空航天和其他运输设备制造业	C37	8	1	1	12.50
电气机械及器材制造业	C38	58	31	14	24.14
计算机、通信和其他电子设备制造业	C39	110	23	17	15.45
仪器仪表制造业	C40	28	8	5	17.86
其他制造业	C41	5	0	0	—
电力、热力、燃气及水生产和供应业	D	2	2	1	50.00
建筑业	E	7	3	1	14.29
批发和零售业	F	5	0	0	—
交通运输、仓储和邮政业	G	2	0	0	—
信息传输、软件和信息技术服务业	I	128	33	28	21.88
金融业	J	1	0	0	—
租赁和商务服务业	L	10	0	0	—
科学研究和技术服务业	M	18	2	1	5.56
水利、环境和公共设施管理业	N	13	3	3	23.08
卫生和社会工作	Q	3	3	2	66.67
文化、体育和娱乐业	R	15	0	0	—
总计		710	169	112	15.77

（二）研发战略联盟对企业盈利能力的影响

表 7 报告了研发战略联盟影响企业盈利能力的检验结果。第（1）～第（5）列的结果显示，在控制了研发强度（$R\&D/Assets$）等相关变量之后，交互项 $RDA \times After$ 的回归系数为正且高度显著，大小分别为 0.104、0.018、0.045、0.196、0.026。以第（1）列为例，交互项 $RDA \times After$ 的回归系数 0.104 的经济含义是，企业缔结一次研发

战略联盟，联盟后平均而言营业净利率可以提升 10.4% 。这一结果表明，相比于没有
缔结研发战略联盟的企业而言，缔结了研发战略联盟的企业未来的盈利能力得到显著
提升。由此可见，企业缔结研发战略联盟提升了盈利能力。这一发现的实践意义在于，
企业可以通过缔结研发战略联盟的方式来提升盈利能力。

表 7　研发战略联盟对企业盈利能力的影响

变量	(1)	(2)	(3)	(4)	(5)
	NPM	ROA	ROE	EPS	OP
$RDA \times After$	0.104 ***	0.018 **	0.045 ***	0.196 ***	0.026 ***
	(0.034)	(0.007)	(0.015)	(0.071)	(0.008)
After	− 0.081 **	− 0.017 **	− 0.038 ***	− 0.141 **	− 0.025 ***
	(0.032)	(0.007)	(0.014)	(0.066)	(0.008)
R&D/Assets	0.603	0.410 *	0.965 **	3.179	0.334
	(1.071)	(0.234)	(0.472)	(2.205)	(0.260)
Age	− 0.016	− 0.003	− 0.003	− 0.035	0.007
	(0.026)	(0.006)	(0.012)	(0.054)	(0.006)
Lev	− 0.299 ***	− 0.037 *	− 0.019	− 0.351 *	− 0.050 **
	(0.094)	(0.020)	(0.041)	(0.193)	(0.023)
Tobin's Q	0.012 *	0.003 **	0.006 **	0.009	0.004 **
	(0.007)	(0.001)	(0.003)	(0.014)	(0.002)
Incentive	0.040 *	0.009 *	0.021 **	0.094 *	0.013 **
	(0.023)	(0.005)	(0.010)	(0.048)	(0.006)
Duality	0.074 *	− 0.001	0.004	− 0.010	− 0.004
	(0.038)	(0.008)	(0.017)	(0.078)	(0.009)
Largest	− 0.277	− 0.069	− 0.083	− 0.198	− 0.072
	(0.220)	(0.048)	(0.097)	(0.453)	(0.053)
IndepDirector	0.481 *	0.083	0.228 *	0.669	0.084
	(0.282)	(0.062)	(0.124)	(0.580)	(0.068)
Constant	0.265	0.064	− 0.004	0.616	− 0.081
	(0.446)	(0.097)	(0.196)	(0.917)	(0.108)
YearFE	Yes	Yes	Yes	Yes	Yes
FirmFE	Yes	Yes	Yes	Yes	Yes
R^2	0.139	0.173	0.133	0.132	0.159
F − statistics	4.125 ***	5.337 ***	3.939 ***	3.879 ***	4.819 ***
Prob > F	0.000	0.000	0.000	0.000	0.000
N(个)	500	500	500	500	500

注：括号中的数字为稳健性标准误，*、**、*** 分别表示 10% 、5% 与 1% 的显著性水平；下文同。

（三）研发战略联盟对企业盈利风险的影响

表 8 报告了研发战略联盟影响企业盈利风险的检验结果。第（1）～第（5）列的结果显示，在控制了研发强度（$R\&D/Assets$）等相关变量之后，交互项 $RDA \times After$ 的回归系数为负且高度显著，大小分别为 -0.072、-0.009、-0.021、-0.107、-0.013。以第（1）列为例，交互项 $RDA \times After$ 的回归系数 -0.072 的经济含义是，企业缔结一次研发战略联盟，联盟后平均而言营业净利率波动性可以减少7.2%。这一结果表明，相比于没有缔结研发战略联盟的企业而言，缔结了研发战略联盟的企业未来的盈利风险得到显著降低。由此可见，企业缔结研发战略联盟减少了盈利风险。这一发现的实践意义在于，企业可以通过缔结研发战略联盟的方式来减少盈利风险。

表 8 研发战略联盟对企业盈利风险的影响

变量	(1) StdNPM	(2) StdROA	(3) StdROE	(4) StdEPS	(5) StdOP
$RDA \times After$	-0.072^{***} (0.023)	-0.009^{**} (0.004)	-0.021^{***} (0.007)	-0.107^{***} (0.032)	-0.013^{***} (0.004)
$After$	0.036^{*} (0.021)	0.004 (0.004)	0.013^{**} (0.007)	0.060^{**} (0.030)	0.006 (0.004)
$R\&D/Assets$	-3.185^{***} (0.714)	-0.520^{***} (0.126)	-0.629^{***} (0.223)	-3.784^{***} (1.006)	-0.477^{***} (0.137)
Age	0.027 (0.017)	0.004 (0.003)	0.007 (0.005)	0.021 (0.025)	0.005 (0.003)
Lev	0.140^{**} (0.062)	0.004 (0.011)	0.019 (0.020)	0.097 (0.088)	0.008 (0.012)
$Tobin's\ Q$	-0.002 (0.005)	-0.000 (0.001)	-0.001 (0.001)	-0.003 (0.006)	-0.000 (0.001)
$Incentive$	-0.040^{**} (0.016)	-0.005^{*} (0.003)	-0.009^{*} (0.005)	-0.039^{*} (0.022)	-0.005^{*} (0.003)
$Duality$	-0.065^{**} (0.025)	-0.010^{**} (0.004)	-0.013^{*} (0.008)	-0.028 (0.036)	-0.013^{***} (0.005)
$Largest$	0.081 (0.147)	0.018 (0.026)	0.021 (0.046)	-0.193 (0.207)	0.027 (0.028)
$IndepDirector$	-0.229 (0.188)	-0.024 (0.033)	-0.044 (0.059)	-0.467^{*} (0.265)	0.003 (0.036)
$Constant$	-0.201 (0.297)	-0.018 (0.053)	-0.039 (0.093)	0.190 (0.418)	-0.045 (0.057)
YearFE	Yes	Yes	Yes	Yes	Yes
FirmFE	Yes	Yes	Yes	Yes	Yes
R^2	0.166	0.109	0.113	0.111	0.106

变量	（1） StdNPM	（2） StdROA	（3） StdROE	（4） StdEPS	（5） StdOP
F – statistics	5.081***	3.118***	3.250***	3.180***	3.024***
Prob > F	0.000	0.000	0.000	0.000	0.000
N（个）	500	500	500	500	500

（四）稳健性检验

为了使结果更加稳健，我们剔除了缔结联盟当年的样本，重新考察了研发战略联盟对企业盈利能力的影响。表9报告了相应的结果。第（1）~第（5）列的结果显示，在控制了研发强度（R&D/Assets）等相关变量之后，交互项 $RDA \times After$ 的回归系数为正且高度显著，大小分别为0.118、0.023、0.060、0.277、0.031。以第（1）列为例，交互项 $RDA \times After$ 的回归系数0.118的经济含义是，企业缔结一次研发战略联盟，联盟后平均而言营业净利率可以提升11.8%。这一结果表明，相比于没有缔结研发战略联盟的企业而言，缔结了研发战略联盟的企业未来的盈利能力得到显著提升。对比表9和表7的检验结果，可以发现二者基本一致。由此可见，企业缔结研发战略联盟提升了盈利能力。

表9　研发战略联盟对企业盈利能力的影响（稳健性检验）

变量	（1） NPM	（2） ROA	（3） ROE	（4） EPS	（5） OP
$RDA \times After$	0.118** (0.047)	0.023** (0.010)	0.060*** (0.020)	0.277*** (0.096)	0.031*** (0.011)
After	-0.107** (0.048)	-0.026** (0.010)	-0.058*** (0.021)	-0.237** (0.098)	-0.036*** (0.011)
R&D/Assets	0.571 (1.297)	0.401 (0.273)	1.010* (0.566)	3.671 (2.658)	0.355 (0.308)
Age	-0.003 (0.033)	0.002 (0.007)	0.006 (0.014)	-0.004 (0.068)	0.014* (0.008)
Lev	-0.334*** (0.121)	-0.041 (0.025)	-0.046 (0.053)	-0.424* (0.247)	-0.063** (0.029)
Tobin's Q	0.022** (0.010)	0.006*** (0.002)	0.011** (0.004)	0.027 (0.021)	0.008*** (0.002)
Incentive	0.043 (0.029)	0.009 (0.006)	0.021* (0.013)	0.087 (0.060)	0.013* (0.007)
Duality	0.092* (0.048)	-0.000 (0.010)	0.008 (0.021)	-0.004 (0.099)	-0.004 (0.012)
Largest	-0.273 (0.287)	-0.093 (0.060)	-0.115 (0.125)	-0.309 (0.588)	-0.091 (0.068)

续表

变量	（1） NPM	（2） ROA	（3） ROE	（4） EPS	（5） OP
IndepDirector	0.180 (0.377)	0.015 (0.079)	0.117 (0.165)	0.073 (0.773)	0.009 (0.090)
Constant	0.131 (0.583)	0.008 (0.123)	− 0.092 (0.255)	0.337 (1.196)	− 0.165 (0.139)
YearFE	Yes	Yes	Yes	Yes	Yes
FirmFE	Yes	Yes	Yes	Yes	Yes
R^2	0.134	0.194	0.152	0.151	0.185
F − statistics	2.971 ***	4.603 ***	3.423 ***	3.394 ***	4.356 ***
Prob > F	0.000	0.000	0.000	0.000	0.000
N（个）	410	410	410	410	410

　　为了使结果更加稳健，我们剔除了缔结联盟当年的样本，重新考察了研发战略联盟对企业盈利风险的影响。表 10 报告了相应的结果。第（1）～第（5）列的结果显示，在控制了研发强度（R&D/Assets）等相关变量之后，交互项 $RDA \times After$ 的回归系数为负且高度显著，大小分别为 − 0.054、− 0.010、− 0.025、− 0.128、− 0.016。以第（1）列为例，交互项 $RDA \times After$ 的回归系数 − 0.054 的经济含义是，企业缔结一次研发战略联盟，联盟后平均而言营业净利率波动性可以减少 5.4%。这一结果表明，相比于没有缔结研发战略联盟的企业而言，缔结了研发战略联盟的企业未来的盈利风险得到显著降低。对比表 10 和表 8 的检验结果，可以发现二者基本一致。由此可见，企业缔结研发战略联盟减少了盈利风险。这一发现的实践意义在于，企业可以通过缔结研发战略联盟的方式来减少盈利风险。

表 10　研发战略联盟对企业盈利风险的影响（稳健性检验）

变量	（1） StdNPM	（2） StdROA	（3） StdROE	（4） StdEPS	（5） StdOP
$RDA \times After$	− 0.054 ** (0.027)	− 0.010 * (0.005)	− 0.025 *** (0.009)	− 0.128 *** (0.042)	− 0.016 *** (0.006)
After	0.005 (0.028)	0.001 (0.005)	0.011 (0.010)	0.059 (0.043)	0.003 (0.006)
R&D/Assets	− 2.778 *** (0.753)	− 0.543 *** (0.147)	− 0.627 ** (0.258)	− 4.010 *** (1.167)	− 0.466 *** (0.154)
Age	0.030 (0.019)	0.004 (0.004)	0.008 (0.007)	0.031 (0.030)	0.005 (0.004)
Lev	0.170 ** (0.070)	0.009 (0.014)	0.034 (0.024)	0.109 (0.109)	0.011 (0.014)

续表

变量	(1) StdNPM	(2) StdROA	(3) StdROE	(4) StdEPS	(5) StdOP
Tobin's Q	− 0.001 (0.006)	− 0.000 (0.001)	− 0.000 (0.002)	0.003 (0.009)	0.000 (0.001)
Incentive	− 0.043 ** (0.017)	− 0.005 (0.003)	− 0.009 (0.006)	− 0.036 (0.026)	− 0.005 (0.003)
Duality	− 0.092 *** (0.028)	− 0.013 ** (0.005)	− 0.021 ** (0.010)	− 0.050 (0.044)	− 0.015 *** (0.006)
Largest	− 0.067 (0.167)	− 0.001 (0.033)	− 0.008 (0.057)	− 0.272 (0.258)	0.001 (0.034)
IndepDirector	− 0.365 * (0.219)	− 0.032 (0.043)	− 0.052 (0.075)	− 0.611 * (0.339)	0.015 (0.045)
Constant	− 0.163 (0.339)	− 0.005 (0.066)	− 0.040 (0.116)	0.118 (0.525)	− 0.045 (0.069)
YearFE	Yes	Yes	Yes	Yes	Yes
FirmFE	Yes	Yes	Yes	Yes	Yes
R^2	0.197	0.133	0.132	0.133	0.127
F − statistics	4.690 ***	2.945 ***	2.912 ***	2.942 ***	2.797 ***
Prob > F	0.000	0.000	0.000	0.000	0.001
N(个)	410	410	410	410	410

五、结论与启示

近年来,我国企业之间的研发战略联盟大量涌现,增长势头迅猛。本文以创业板上市公司为研究对象,探究了研发战略联盟对企业经营业绩的影响及其作用机理,主要结论和发现归纳如下。第一,企业缔结研发战略联盟对盈利能力具有显著的提升作用。在反映盈利能力的多项指标方面,缔结研发战略联盟的企业都强于未缔结研发战略联盟的企业。第二,企业缔结研发战略联盟能够显著减少经营业绩风险,在反映盈利风险的多项指标方面,缔结研发战略联盟的企业都弱于未缔结研发战略联盟的企业。

本文结论不仅具有理论价值,同时还对我国政府制定研发战略联盟政策和企业提升竞争优势具有重要的启发意义。第一,本文研究发现为中国企业更快更好地改善企业经营业绩提供了理论指导,即研发战略联盟是提升企业盈利能力和减少盈利风险的有效组织形式。因此,我国企业应积极通过参与和构建研发战略联盟的形式来提升盈利能力和减少盈利风险。此外,企业应以合作契约为基础,在契约中合理制定利益分配、沟通协调和风险防范等条款,从而进一步切实提高联盟的运作效率和协同效应。第二,政府应积极发挥服务作用,持续支持和鼓励研发战略联盟在优化资源配置中发挥更大的作用,并积极营造适合研发战略联盟发展壮大的政策环境。首先，政府应通过立法、宣传、教育等多方面措施来鼓励企业参与和构建研发战略联盟。其次，政府应持续出台针对性的激励政策，通过给予一定的资金补助和税收减免等措施来激励企业参与和构建研发战略联盟，同时为缔结研发战略联盟的企业提供优惠的融资资金和渠道，努力促成企业在研发战略联盟中提升竞争优势。

参考文献

高太山，柳卸林 . 2016. 企业国际研发联盟是否有助于突破性创新 . 科研管理，1：48 - 57.

权小锋，吴世农 . 2010. CEO 权力强度、信息披露质量与公司业绩的波动性——基于深交所上市公司的实证研究 . 南开管理评论，13（4）：142 - 153.

武长岐 . 2010. 中国战略管理学研究的发展述评 . 南开管理评论，6：25 - 40.

徐欣，唐清泉 . 2012. R&D 费用化抑或资本化：基于中国企业 R&D 投资不确定性与价值相关性的实证研究 . 会计论坛，1：73 - 86.

徐欣，郑国坚，张腾涛 . 2019. 研发联盟与中国企业创新 . 管理科学学报，11：33 - 53.

薛卫，雷家骕，易难 . 2010. 关系资本、组织学习与研发联盟绩效关系的实证研究 . 中国工业经济，4：89 - 99.

Aghion, P. & J. Tirole. 1994. The management of innovation. *Quarterly Journal of Economics*, 109（4）：1185 - 1208.

Beshears, J. 2013. The performance of corporate alliance：Evidence from oil and gas drilling in the gulf of Mexico. *Journal of Financial Economics*, 110（2）：324 - 346.

Ciftci, M. & W. M. Cready. 2011. Scale effects of R&D as reflected in earnings and returns. *Journal of Accounting and Economics*, 52（1）：62 - 80.

Das, T. K. 2006. Strategic alliance temporalities and partner opportunism. *British Journal of Management*, 17（1）：1 - 21.

Das, T. K. & B. Teng. 2000. Instabilities of strategic alliances：An internal tensions perspective. *Organization Science*, 11（1）：77 - 101.

Doz, Y. L. & G. Hamel. 1998. *Alliance Advantage：The Art of Creating Advantage Through Partnering*. Cambridge：Harvard Business School Press.

Duso, T., E. Pennings & J. Seldeslachts. 2010. Learning dynamics in research alliances：A panel data analysis. *Research Policy*, 39：776 - 789.

Gomes-Casseres, B., J. Hagedoorn & A. Jaffe. 2006. Do alliances promote knowledge flows？. *Journal of Financial Economics*, 80（1）：5 - 33.

Hart, O. D. 1988. Incomplete contracts and the theory of the firm. *Journal of Law, Economics, and Organization*, 4：119 - 139.

Hennart, J. F. 1988. A transaction costs theory of equity joint ventures. *Strategic Management Journal*, 9 (4): 361 – 374.

Kale, P. & H. Singh. 2009. Managing strategic alliances: What do we know now, and where do we go from here? . *Academy of Management Perspectives*, 23 (3): 45 – 62.

Kelm, K. M. , V. K. Narayanan & G. E. Pinches. 1995. Shareholder value creation during R&D innovation and commercialization stages. *Academy of Management Journal*, 38 (3): 770 – 786.

Kogut, B. 1988. Joint ventures: Theoretical and empirical perspectives. *Strategic Management Journal*, 9 (4): 319 – 332.

Kothari, S. , T. Laguerre & A. Leone. 2002. Capitalization versus expensing: Evidence on the uncertainty of future earnings from capital expenditures versus R&D outlays. *Review of Accounting Studies*, 7 (4): 355 – 382.

Lerner, J. & U. Malmendier. 2010. Contractibility and the design of research agreements. *The American Economic Review*, 100 (1): 214 – 246.

Man, A. P. D. & G. Duysters. 2005. Collaboration and innovation: A review of the effects of mergers, acquisitions and alliances on innovation. *Technovation*, 25: 1377 – 1387.

Mody, A. 1993. Learning though alliances. *Journal of Economic Behavior and Organization*, 20 (15): 151 – 170.

Mowery, D. C. , J. E. Oxley & B. Silverman. 1996. Strategic alliances and inter-firm knowledge transfer. *Strategic Management Journal*, 17 (s): 77 – 91.

Palia, D. , S. A. Ravid & N. Reisel. 2008. Choosing to cofinance: Analysis of project – specific alliances in the movie industry. *Review of Financial Studies*, 21: 483 – 511.

Porter, M. E. 1985. *Competitive Advantage: Creating and Sustaining Superior Performance*. New York: Free Press.

Robinson, D. T. 2008. Strategic alliance and the boundaries of the firm. *Review of Financial Studies*, 21: 649 – 681.

Tripsas, M. , S. Schrader & M. Sobrero. 1995. Discouraging opportunistic behavior in collaborative R&D: A new role for government. *Research Policy*, 24 (3): 367 – 389.

Williamson, O. E. 1991. Comparative economic organization: The analysis of discrete structural alternatives. *Administrative Science Quarterly*, 36 (2): 269 – 296.

The Impact of R&D Alliances on Firm Performance:

Evidence from the ChiNext Market

Pingping Wang, Xin Xu, Tengtao Zhang

Abstract: Under the guidance of the national strategy of innovation-driven development, there have been a number of R&D alliances among Chinese companies in recent years. Taking the ChiNext-listed companies that are active in R&D alliances as our research objects, we analyzed the mechanism of R&D alliances and its impact on firm performance. Our results show that R&D alliances have a positive effect on profitability by using propensity score matching method and difference-in-differences regressions. Companies that have R&D alliances are better than companies that have not in the respect of multiple measures that reflect profitability. Moreover, R&D alliances can significantly reduce the risk of performance. Companies that have R&D alliances are better than companies that have not in terms of multiple measures that reflect risk. This paper provides theory and empirical evidence for our insight into economic consequences of R&D alliances in Chinese companies. In addition, it also provides meaningful policy implications for Chinese firms to enhance competitive advantage.

Keywords: R&D Alliances; Firm Performance; Profitability; Risk of Performance

第 20 卷，第 2 辑，2021 年
Vol. 20, No. 2, 2021

会计论坛

Accounting Forum

董事高管责任保险会诱发企业
真实盈余管理吗?[*]

方拥军　申留笛　朱晓琳

【摘　要】本文以 2010～2019 年沪深 A 股上市公司为样本，实证检验了董事高管责任保险的引入对上市公司真实盈余管理的影响及其作用机制。研究发现，董事高管责任保险与真实盈余管理正相关，说明董事高管责任保险助长了高管的机会主义行为；董事高管责任保险的"兜底"效应诱发高管更多的冒进行为，提高了企业风险承担水平，进而加剧了真实盈余管理，即风险承担在二者之间发挥中介效应。通过拓展性研究发现，在民营企业及外部审计规模较小的情景下，董事高管责任保险与公司真实盈余管理之间的相关性更强。本文研究加深了资本市场对董事高管责任保险治理效应的认知，对相关法律法规的健全及监管部门的发展具有一定的参考意义。

【关键词】董事高管责任保险；真实盈余管理；企业风险承担

一、引言

　　近年来上市公司的财务丑闻频繁曝光，监管环境逐渐收紧，投资者保护的相关法律逐

收稿日期：2021 - 04 - 10
作者简介：方拥军，男，河南财经政法大学会计学院教授，fangjun904@ sina. com；申留笛，女，河南财经政法大学会计学院硕士研究生；朱晓琳，女，郑州航空工业管理学院商学院讲师。
* 作者感谢审稿人对本文的宝贵意见，但文责自负。

渐完善，越来越多的企业被卷入诉讼之中。尤其是随着新《证券法》的出台，对企业违法
违规的处罚力度及对中小股东权益的保护力度进一步加大，企业面临的诉讼风险进一步提
升。为了对冲可能面临的诉讼风险，诸多企业开始将目光投向董事高管责任保险这一外部治
理机制。董事高管责任保险是指当董事及高管在履职中因决策失误、工作疏忽等不当行为
而被指控追责时，由保险公司补偿投资者的损失，同时缓解被问责公司及管理层的风险。
董事高管责任保险起源于 20 世纪 30 年代的美国并在西方资本市场迅速发展，由于法律以
及诉讼环境不同，董事高管责任保险在国内外的应用有较大差距，董事高管责任保险自
2002 年被引入我国以来发展较为缓慢，关于其治理效应的研究也尚未有一致定论。

　　学术界关于董事高管责任保险的研究主要存在机会主义效应和外部监督效应两种观
点。首先，机会主义效应观点认为，董事高管责任保险可以转移董事、高管因个人原因
的决策失误而遭受的赔付风险。高管风险的转移及董事的监管效应减弱会引发管理人员
的道德风险问题，助长他们利用职务便利损害公司利益（Chalmers，Dann and Harford，
2002；Lin，Hsu and Chou et al.，2020）。郝照辉和胡国柳（2014）研究发现，在企业购
买了董事高管责任保险后，管理者进行了更多为满足个人利益的并购行为。邢斐和周泰云
（2020）从公司战略的角度研究发现，购买董事高管责任保险引发了公司的战略激进行为，
企业进行了更多的非实质性创新及多元化投资。其次，外部监督效应观点认为，董事高管责
任保险的引入可以加强外部独立第三方对公司以及高管的监督，发挥积极的公司治理效应。
保险合同低保费高保额的特点使得保险公司面临成本收益不均衡的风险，促使它们对参保公
司投保前及投保过程进行全方位的考核，根据考评结果确定是否接保以及保额保费的具体事
宜（Core，2000；许荣和王杰，2012）。李从刚和许荣（2020）从公司违规角度出发，研究
发现董事高管责任保险可以发挥积极的外部监督作用，抑制公司的违规行为。

　　不论是基于何种观点，董事高管责任保险的治理效应都建立在所有权与经营权分离
的基础上，而盈余管理一直是备受学者们关注的两权分离所引发的公司治理问题。随着
市场的发展和政策的完善，应计盈余管理的实施空间逐渐缩小，企业更多地转向手段多
样化且隐蔽性更高的真实盈余管理，这对企业的未来经营能力及成长性的影响更为严重。
已有研究大多探讨了董事高管责任保险对应计盈余管理的影响（贾宁和梁楚楚，2013；
胡国柳和赵阳，2017），鲜少有学者探讨董事高管责任保险对真实盈余管理的作用机制。
董事高管责任保险这一外部治理机制，对我国上市公司的真实盈余管理的影响是机会主
义效应还是外部监督效应，是一个亟待解决的问题。引入董事高管责任保险的初衷是对
冲经理人在经营管理过程中的潜在诉讼风险，也就是说，在管理层面临因非故意过失而
导致的中小股东诉讼时，保险公司可以代为赔偿。那么引入董事高管责任保险后高管投
资高风险高收益项目的潜在损失有所减少，这势必会对经理人的决策偏好产生影响，从
而影响公司的风险承担水平（Boyer and Tennyson，2015；胡国柳和胡珺，2017；文雯，
2017）。高风险必然伴随着收益的不确定，为了减少不确定性及经济利益的波动，高管存

在盈余管理的动机（Grant，Markarian and Parbonetti，2009）。那么，企业的风险承担水平在董事高管责任保险对真实盈余管理的影响中究竟起到何种作用？

鉴于此，本文通过理论与实证研究探讨董事高管责任保险对真实盈余管理的影响及作用机制，试图对"董事高管责任保险—企业风险承担—真实盈余管理"这一传导路径进行客观合理的分析。本文研究的主要贡献在于以下方面。第一，结合我国当前的法律及制度环境，在委托代理理论框架下证实了董事高管责任保险这一外部独立第三方机制与真实盈余管理的正相关关系，拓展了董事高管责任保险的经济后果以及真实盈余管理影响因素的研究。第二，探讨了董事高管责任保险对真实盈余管理行为的作用机制，验证了企业风险承担在两者中的中介效应，即董事高管责任保险的诉讼风险规避机制影响了企业的风险承担水平，在平滑利益波动的动机下，加剧了高管的真实盈余管理行为，诠释了董事高管责任保险对真实盈余管理行为的作用路径及内在机理。第三，分析了不同产权性质及审计规模下董事高管责任保险与真实盈余管理关系的异质性。

二、理论分析和研究假说

（一）董事高管责任保险与真实盈余管理

真实盈余管理是指管理者出于资本市场动机、契约动机或个人收益动机对公司的生产经营活动进行销售操纵、生产操纵以及酌量性费用操纵（Roychowdhury，2006），是管理者误导利益相关者的风险性行为。董事高管责任保险为董事、高管的不当决策提供保障，势必会对真实盈余管理这一激进的风险性行为产生影响。以下结合我国现状基于机会主义效应和外部监督效应予以分析。

在机会主义效应下，一方面，董事高管责任保险为高管的非故意不当行为买单，且公司的真实盈余管理具有复杂程度高及隐蔽性强的特点，当高管因真实盈余管理引发中小股东的诉讼时，外部难以界定这是不是管理层不遵守勤勉、忠实义务的故意行为，保险公司赔付的概率越高，高管的免责效应越强，真实活动操纵这一激进行为的成本大大降低，进而会诱发真实盈余管理；另一方面，就董事治理而言，董事高管责任保险降低了董事监督不尽责的风险水平，削弱了独立董事的监督积极性，对高管不当行为的牵制变少，真实盈余操纵更为便利。Jia 和 Tang（2018）研究发现引入董事高管责任保险的公司中，独立董事参加会议的次数减少，且他们对公司的监督效应有所减弱。

在外部监督效应下，较低的保费收取对应较高的保额支付，保单条款的杠杆效应迫使保险人对投保公司进行严格的审查和监管（凌士显，2019），降低董事、高管盈余操纵的可能性以及强度。然而，上述积极作用需要在完善的体制下才能发挥作用，我国不成熟的保险体系及特殊的制度环境可能使得董事高管责任保险无法积极地参与公司治理。

结合我国具体环境分析，首先，就发展现状而言，董事高管责任保险被引入我国的时间相对较短且尚未引起足够的重视，从而没有形成完善的董事高管责任保险体系。我国董事高管责任保险的业务范围较窄，保险公司的治理积极性不强，董事高管责任保险体系发展滞后（凌士显和白锐锋，2017）。其次，就我国当前的法制和监管环境而言，资本市场存在的对中小股东利益重视不够、诉讼成本较高以及惩罚机制较弱等问题阻碍了中小股东发挥监督及诉讼威慑作用（胡国柳和常启国，2021），保险公司在我国目前的制度环境下很难充分地参与公司治理。最后，相关法律不够完善，董事高管责任保险信息披露的规定尚未出台，关于企业购买董事高管责任保险的保费、保额等具体数据不透明，保险公司不会迫于外部市场的压力而积极约束董事、高管的行为。因此，本文认为董事高管责任保险的风险转移为高管的不当行为提供了便利条件，且在我国当前的市场及法律体系下外部监督失效，高管容易利用董事高管责任保险的"庇护"做出道德风险下的机会主义行为，提高企业的真实盈余管理水平。因此提出假设：

　　H1　董事高管责任保险提高了企业的真实盈余管理水平。

（二）董事高管责任保险与企业风险承担

　　引入董事高管责任保险最直接的作用是分散公司、高管的风险，保险公司可以为投保的公司及高管面临的大额赔付兜底。那么董事高管责任保险的引入必然会对高的风险偏好产生影响，改变经理人投资决策时谨小慎微的作风，使得他们在面临企业决策时不再过于蹑手蹑脚，进而提高了企业的风险承担水平。邢斐和周泰云（2020）研究发现，董事高管责任保险的引入助长了经理人高风险性投资，企业风险承担水平提高。赖黎、唐芸茜和夏晓兰等（2019）基于短贷长投的视角发现，董事高管责任保险为经理人"松绑"从而诱发了高管的激进决策。本文认为，董事高管责任保险的引入会改变高管的风险意愿，使他们投资于更多的冒险项目，做出激进的战略决策，企业风险承担水平提高。因此提出假设：

　　H2　董事高管责任保险提高了企业的风险承担水平。

（三）董事高管责任保险、企业风险承担与真实盈余管理

　　基于上述分析，本文认为董事高管责任保险的引入使得董事、高管的潜在诉讼风险转移到了保险公司身上，额外的保护降低了经理人高风险决策的边际成本，故而管理者会做出更多的激进行为，从而提升企业的风险承担水平。高风险水平意味着业绩波动，过高的收益波动可能会减退投资者的热情，引起债务人的关注，减少经理人的收益。管理者基于满足投资者对公司发展的预期、迎合债权人及实现个人收益，有动机进行真实盈余管理，达到平滑利润的效果（Grant，Markarian and Parbonetti，2009）。徐宁、张阳和徐向艺（2020）基于 CEO 声誉理论视角，研究发现风险承担在 CEO 声誉与真实盈余管理之间关系中起到了中介传导作用。综上，董事高管责任保险的引入为经理人非故意不当决策的诉讼免责带来保障，高管在董事高管责任保险的额外保护下会投资于不确定较大、激进度较高的项目，公司的风险承担水平大幅提升，业绩的波动性随之增强，高管倾向于通过真实盈余管理来平滑收益的波动。经过上述推论可知，购买董事高管责任保险公司的责任转嫁为高管带来庇护，投资决策更为激进，风险承担水平提高，在财务状况的波动下提高了真实盈余管理程度。因此提出假设：

H3　企业风险承担在董事高管责任保险影响真实盈余管理的过程中发挥了中介效应。

三、研究设计

（一）样本选择和数据来源

本文涉及的董事高管责任保险数据是依据巨潮资讯网披露的各上市公司购买董事高管责任保险的公告、股东大会决议手工整理而来，同时以 WIND、CSMAR 中披露的相关公告文件进行辅助确认；其他财务数据均来源于 CSMAR 数据库。本文研究采用是中国证监会 2012 年公布的行业分类标准。

本文选取 2010～2019 年沪深两市 A 股上市公司的数据，并按照下列标准进行筛选：（1）剔除金融、保险类上市公司；（2）剔除上市不满一年的公司；（3）剔除被标记为 ST、PT 的上市公司；（4）剔除财务数据披露不完整的上市公司；（5）对连续变量上下 1% 做 Winsorize 处理以消除异常值。筛选后共得到 15087 个数据样本，其中有 984 个数据样本引入董事高管责任保险。本文采用的统计分析软件是 Stata 15.0。

（二）变量定义

1. 被解释变量

本文选取真实盈余管理作为被解释变量，借鉴 Roychowdhury（2006）的研究设计：

$$PROD_{i,t}/A_{i,t-1} = \alpha_0 + \alpha_1/A_{i,t-1} + \alpha_2 S_{i,t}/A_{i,t-1} + \alpha_3 \Delta S_{i,t}/A_{i,t-1} + \alpha_4 \Delta S_{i,t-1}/A_{i,t-1} + \varepsilon_{i,t} \tag{1}$$

$$DISX_{i,t}/A_{i,t-1} = \beta_0 + \beta_1/A_{i,t-1} + \beta_2 S_{i,t-1}/A_{i,t-1} + \varepsilon_{i,t} \tag{2}$$

$$CFO_{i,t}/A_{i,t-1} = \lambda_0 + \lambda_1/A_{i,t-1} + \lambda_2 S_{i,t}/A_{i,t-1} + \lambda_3 \Delta S_{i,t}/A_{i,t-1} + \varepsilon_{i,t} \tag{3}$$

将公式（1）、公式（2）、公式（3）所示回归模型的残差分别视为异常生产成本

（*ABPROD*）、异常酌量性费用（*ABDISX*）和异常经营活动现金流（*ABCFO*）。进一步，本文借鉴李增福、董志强和连玉君（2011）的研究，利用公式（4）计算真实活动盈余管理总量（*REM*），并用 *REM* 的绝对值 *AREM* 表示真实盈余管理的程度，*AREM* 越大，真实盈余管理程度越高。

$$REM = ABPROD - ABDISX - ABCFO \tag{4}$$

2. 解释变量

虚拟变量董事高管责任保险用 *DO* 表示，公司购买董事高管责任保险，取值为 1，否则为 0，若公司选择终止投保董事高管责任保险，则终止当年及往后年度取值为 0。此外，借鉴胡国柳和胡珺（2017）的研究方法，在公司购买了董事高管责任保险后若未声明停止购买，则视同持续购买。

3. 中介变量

借鉴 Faccio、Marchica 和 Mura（2011）以及余明桂、李文贵和潘红波（2013）的研究，本文采用经行业和年度均值调整的总资产报酬率（*Adj_roa*）在观测时段（$T = 3$）内滚动计算的标准差衡量风险承担，用 *Risk*1 表示；另外采用总资产报酬率（*Adj_roa*）在观测时段（$T = 3$）内最大值与最小值的差额衡量风险承担，用 *Risk*2 表示。计算公式如下：

$$Risk1_{i,t} = \sqrt{\frac{1}{T-1} \sum_{t=1}^{T} \left(Adj\_roa_{i,t} - \frac{1}{T} \sum_{t=1}^{T} Adj\_roa_{i,t} \right)^2} \tag{5}$$

$$Risk2_{i,t} = \text{Max } Adj\_roa_{i,t} - \text{Min } Adj\_roa_{i,t} \tag{6}$$

4. 控制变量

影响真实盈余管理的因素有很多，借鉴已有研究，本文控制了以下两类变量：（1）企业的基本特征，包括企业规模（*Size*）、财务杠杆（*Lev*）、成长性（*Growth*）、上市年限（*Age*）、产权性质（*Soe*）等；（2）行业和年度的虚拟变量。

具体变量名称及定义见表 1。

表 1　变量定义

变量类型	变量名称	变量符号	变量定义
被解释变量	真实盈余管理	*AREM*	真实盈余管理程度（详见前文叙述）
解释变量	董事高管责任保险	*DO*	购买董事高管责任保险公司赋值为 1，否则为 0
中介变量	风险承担	*Risk*1	资产报酬率观测期的滚动标准差
		*Risk*2	资产报酬率观测期的最大值与最小值差额
控制变量	财务杠杆	*Lev*	总资产与总负债的比值
	企业规模	*Size*	总资产的自然对数
	产权性质	*Soe*	国有企业赋值为 1，非国有企业赋值为 0

续表

变量类型	变量名称	变量符号	变量定义
控制变量	董事会规模	*Dsize*	董事会总人数的自然对数
	管理层持股比例	*Mshare*	管理层持股比例
	成长性	*Growth*	公司当年销售收入增长率
	资产收益率	*ROA*	净利润与总资产的比值
	两职合一	*Dual*	董事长和总经理两职合一为 1，否则为 0
	第一大股东持股比例	*Top*	第一大股东持股比例
	上市年限	*Age*	公司上市时间的自然对数
	高管薪酬	*Pay*	前三名高管薪酬的自然对数
	年度虚拟变量	*Year*	控制年度因素
	行业虚拟变量	*Industry*	控制行业因素

（三）模型构建

为了检验 H1、H2、H3，本文借鉴胡国柳和赵阳（2017）以及温忠麟、张雷和侯杰泰（2004）的研究，构建中介效应模型：

$$AREM_{i,t} = \alpha_0 + \alpha_1 DO_{i,t} + \sum Control + \sum Industry + \sum Year + \varepsilon_i \qquad (7)$$

$$RISK_{i,t} = \beta_0 + \beta_1 DO_{i,t} + \sum Control + \sum Industry + \sum Year + \varepsilon_i \qquad (8)$$

$$AREM_{i,t} = \gamma_0 + \gamma_1 DO_{i,t} + \gamma_2 RISK_{i,t} + \sum Control + \sum Industry + \sum Year + \varepsilon_i \qquad (9)$$

若 α_1 显著为正，则 H1 得到验证，中介效应模型的第一步成立；若 β_1 显著为正，说明董事高管责任保险正向影响了中介因子，H2 得到验证，中介效应模型第二步成立；若 α_1、β_1 和 γ_2 均显著为正，说明中介效应存在，倘若 β_1 和 γ_2 中至少一个不显著，则需进行 Sobel 检验，若 Sobel 检验计算出的 Z 值大于临界值 0.97（5% 的显著性水平），则说明中介效应存在，H3 得到验证，第三步成立。最后，若 γ_1 显著，则说明企业风险承担在董事高管责任保险与真实盈余管理之间发挥了部分中介效应，若 γ_1 不显著，则说明企业风险承担发挥了完全中介效应。

四、实证分析

（一）描述性统计分析

表 2 报告了模型中主要变量的描述性统计，大部分连续变量的标准差均小于 1，说明本文所使用的数据不存在极端异常值。真实盈余管理（*AREM*）的均值为 0.166，最小值为 0.002，最大值为 0.977，标准差为 0.175，这说明我国上市公司进行真实盈余

管理的程度较为离散且最小值和最大值的差异明显。董事高管责任保险（DO）的平均值为 0.065，标准差为 0.247，说明投保董事高管责任保险的公司比例为 6.5%，我国购买董事高管责任保险的公司占比仍处于较低水平。风险承担（Risk1）的均值为0.035，中位数为 0.019，说明半数以上的企业风险承担水平小于平均水平，且上市公司之间风险承担水平的差距较大。

表 2　主要变量的描述性统计

变量	均值	标准差	中位数	最大值	最小值
AREM	0.166	0.175	0.110	0.977	0.002
DO	0.065	0.247	0	1	0
Risk1	0.035	0.052	0.019	0.382	0.002
Risk2	0.066	0.096	0.036	0.709	0.003
Lev	0.446	0.210	0.443	0.922	0.057
Size	22.19	1.286	22.02	26.19	19.71
Soe	0.438	0.496	0	1	0
Dsize	2.262	0.176	2.303	2.773	1.792
Mshare	0.106	0.181	0	0.665	0
Growth	0.217	0.496	0.123	3.252	− 0.556
ROA	0.039	0.052	0.035	0.198	− 0.220
Dual	0.229	0.420	0	1	0
Top	0.352	0.150	0.333	0.750	0.087
Age	2.258	0.655	2.398	3.332	0
Pay	14.33	0.727	14.31	17.87	0

（二）相关性分析

本文利用 Pearson 相关系数对模型中的各主要变量之间的相关性进行分析，旨在检验模型中任意两个变量之间的线性相关关系。

如表 3 所示，董事高管责任保险（DO）与真实盈余管理（AREM）的系数在 1% 的水平上显著，表明董事高管责任保险可能促进企业真实盈余管理水平的提高，初步验证了 H1；董事高管责任保险（DO）与风险承担（Risk1、Risk2）显著正相关，初步验证了 H2；风险承担（Risk1、Risk2）与真实盈余管理（AREM）正相关但不显著，表明两者关系的确定需要进一步的检验。此外，除了 Risk1 与 Risk2 的相关系数之外，各变量之间的相关系数基本小于 0.5，笔者又进一步检验了变量的方差膨胀因子 VIF，结果显示最大值为 2.2，远远小于经验临界值 10，验证了模型不存在严重的多重共线性问题。

表 3　主要变量相关性系数

变量	AREM	DO	Risk1	Risk2
AREM	1			
DO	0.018 **	1		
Risk1	0.005	0.029 ***	1	
Risk2	0.005	0.030 ***	0.999 ***	1

注：**、*** 分别代表在5%、1%的水平上显著。

（三）回归分析

表 4 提供了董事高管责任保险对真实盈余管理影响的回归结果。

表 4　董事高管责任保险与真实盈余管理

变量	(1) AREM	(2) AREM
DO	0.018 *** (3.10)	0.025 *** (4.41)
Lev		0.081 *** (8.67)
Size		− 0.017 *** (− 10.46)
Soe		− 0.015 *** (− 4.40)
Dsize		0.010 (1.07)
Mshare		− 0.017 * (− 1.86)
Growth		0.063 *** (12.69)
ROA		0.770 *** (20.06)
Dual		0.006 * (1.86)
Top		0.062 *** (6.35)
Age		0.018 *** (6.58)
Pay		0.017 *** (6.42)
Constant	0.155 *** (16.46)	0.112 *** (2.72)

续表

变量	（1） AREM	（2） AREM
Year	控制	控制
Industry	控制	控制
样本量（个）	15087	15087
调整的 R²	0.077	0.177

注：括号内为 t 值，*、**、*** 分别代表在 10%、5%、1% 的水平上显著；下文同。

从表 4 可知，DO 的系数在 1% 的水平上显著为正，表明董事高管责任保险（DO）与真实盈余管理（AREM）显著正相关，即购买董事高管责任保险的公司，真实盈余管理水平更高，这说明目前董事高管责任保险在我国尚未有效发挥外部监督效应，反而因风险的转移为高管的机会主义行为带来了契机，验证了 H1。这可能是因为，我国的董事高管责任保险体系尚不完善、法制与监管环境也较差，保险公司难以积极参与公司治理，董事高管责任保险在我国的公司治理过程中支持了机会主义效应观点。对于控制变量，企业规模（Size）的系数在 1% 的水平上显著为负，可能是规模较大的公司结构更完整、信息透明度更高，进而会压缩真实盈余管理的空间。产权性质（Soe）的系数显著为负，或许是因为国有企业经营的目标多是服务公众，贯彻政府政策，真实盈余管理的动机较弱。管理层持股比例（Mshare）的系数显著为负，表明管理层持股可以有效抑制高管的真实盈余管理。财务杠杆（Lev）的系数显著为正说明资产负债率较高的公司真实盈余管理程度较高。资产收益率（ROA）、成长性（Growth）的系数显著为正，表明资产收益率较高、成长性较好的企业真实盈余管理程度较高。与已有的研究结果基本一致。

表 5 的第（1）和第（3）列呈现了董事高管责任保险对企业风险承担影响的回归结果。可以看出，董事高管责任保险（DO）的回归系数都在 1% 的水平上显著为正，表明董事高管责任保险的购买使得高管进行了较多的高风险投资，购买董事高管责任保险的企业风险承担水平更高，验证了 H2。

表 5　董事高管责任保险、风险承担与真实盈余管理

变量	（1） Risk1	（2） AREM	（3） Risk2	（4） AREM
DO	0.010 *** （5.38）	0.023 *** （4.08）	0.018 *** （5.43）	0.023 *** （4.06）
Risk1		0.201 *** （6.83）		
Risk2				0.110 *** （6.91）
Lev	0.019 *** （4.89）	0.077 *** （8.28）	0.036 *** （4.96）	0.077 *** （8.27）

续表

变量	(1) Risk1	(2) AREM	(3) Risk2	(4) AREM
Size	−0.007***	−0.015***	−0.013***	−0.015***
	(−12.23)	(−9.67)	(−12.39)	(−9.65)
Soe	−0.008***	−0.014***	−0.015***	−0.013***
	(−8.10)	(−3.94)	(−8.21)	(−3.93)
Dsize	−0.004	0.011	−0.008	0.011
	(−1.38)	(1.17)	(−1.34)	(1.17)
Mshare	−0.001	−0.017*	−0.001	−0.017*
	(−0.25)	(−1.85)	(−0.17)	(−1.85)
Growth	0.001	0.063***	0.001	0.063***
	(0.58)	(12.65)	(0.52)	(12.65)
ROA	−0.150***	0.800***	−0.276***	0.800***
	(−8.00)	(20.54)	(−7.93)	(20.53)
Dual	0.000	0.006*	0.000	0.006*
	(0.28)	(1.84)	(0.20)	(1.85)
Top	−0.007**	0.063***	−0.012**	0.063***
	(−2.57)	(6.51)	(−2.45)	(6.51)
Age	0.018***	0.017***	0.009***	0.017***
	(6.58)	(6.24)	(6.16)	(6.22)
Pay	0.017***	0.017***	−0.001	0.017***
	(6.42)	(6.45)	(−0.65)	(6.45)
Constant	0.112***	0.072*	0.374***	0.071*
	(2.72)	(1.75)	(14.52)	(1.72)
Year	控制	控制	控制	控制
Industry	控制	控制	控制	控制
样本量（个）	15087	15087	15087	15087
调整的 R^2	0.155	0.180	0.156	0.180

本文按照中介效应检验的三个步骤基于公式（7）、公式（8）、公式（9）进行检验，表4显示董事高管责任保险与真实盈余管理正相关，中介效应模型的第一步成立，表5的第（1）和第（3）列显示董事高管责任保险提高了企业风险承担水平，中介效应模型的第二步成立。由表5的第（2）和第（4）列可以看出在加入中介因子后董事高管责任保险（DO）的回归系数由原来的0.025（1%的水平上显著）降到0.023（1%的水平上显著），同时风险承担（Risk1、Risk2）的回归系数分别为0.201（1%的水平上显著）、0.110（1%的水平上显著），意味着中介效应模型的第三步成立。上述结果

表明，风险承担在董事高管责任保险与真实盈余管理的相关关系中存在部分中介效应，且中介效应占总效应的比例为 5.1%（*Risk*1）、5.3%（*Risk*2）。为了保证中介效应检验结果的稳健性，本文进行了 Sobel 检验和 Bootstrap 检验，Sobel 检验的 Z 值大于临界值，Bootstrap 检验的置信区间是同向的，说明中介效应显著。对于购买董事高管责任保险的公司而言，保险公司的庇护分散了董事、高管不当决策的潜在诉讼风险，诱发高管更多的激进行为，企业的风险承担水平提高，鉴于逐渐完善的法律及监管环境，经理人倾向于通过操纵真实盈余掩盖冒险决策的后果，回归结果有力地支持了研究假设 H3。

五、稳健性检验

（一）更换真实盈余管理的衡量方式

为保证研究结果的可靠性，本文借鉴 Cohen 和 Zarowin（2010）的做法，采用 $REM1 = CFO - DISX$ 和 $REM2 = PROD - DISX$ 衡量真实盈余管理程度，并取其绝对值 $AREM1$ 和 $AREM2$ 代入公式（7）、公式（8）、公式（9）重新进行检验。如表 6 所示，检验结果较好地验证了 H1、H2、H3。

表 6　更换真实盈余管理的衡量方式

变量	(1) AREM1	(2) Risk1	(3) Risk2	(4) AREM1	(5) AREM1	(6) AREM2	(7) AREM2	(8) AREM2
DO	0.012 ***	0.010 ***	0.018 ***	0.012 ***	0.012 ***	0.022 ***	0.020 ***	0.020 ***
	(4.00)	(5.38)	(5.43)	(3.76)	(3.75)	(3.97)	(3.62)	(3.63)
Risk1				0.080 ***				0.201 ***
				(4.89)				(6.52)
Risk2					0.044 ***		0.110 ***	
					(4.93)		(6.60)	
控制变量	控制	控制	控制	控制	控制	控制	控制	控制
样本量（个）	15087	15087	15087	15087	15087	15087	15087	15087
调整的 R^2	0.130	0.155	0.156	0.132	0.132	0.167	0.170	0.170

（二）更换风险承担的衡量方式

借鉴文雯（2017）的研究方法，本文采用风险承担的替换指标，即以经行业年度调整之后的营业利润率（A_OROA）为基准，用 A_OROA 在观测时段（$T=3$）内标准差的波动率以及在观测时段（$T=3$）内最大值与最小值的差额衡量企业风险承担，以 $Risk3$、$Risk4$ 表示，重新进行检验。实证检验结果如表 7 所示，主回归结果依然稳健，风险承担在主变量之间的中介效应显著，再次证明了 H1、H2、H3。

表 7 更换风险承担的衡量方式

变量	（1）AREM	（2）Risk3	（3）AREM	（4）Risk4	（5）AREM
DO	0.025 ***	0.013 ***	0.022 ***	0.024 ***	0.022 ***
	(4.41)	(3.59)	(3.93)	(3.53)	(3.94)
Risk3			0.248 ***		
			(12.47)		
Risk4					0.132 ***
					(12.54)
控制变量	控制	控制	控制	控制	控制
样本量（个）	15087	15087	15087	15087	15087
调整的 R^2	0.177	0.131	0.194	0.131	0.194

（三）倾向得分匹配法

我国董事高管责任保险的公司购买比例尚处于较低的水平，购买董事高管责任保险的公司并非随机的，经过保险公司的严格审查和筛选，故而投保成功的公司可能是经过筛选的平滑业绩之后盈余波动水平较低的企业。本文采用倾向得分匹配（PSM）法来控制样本选择偏差带来的影响。第一步，建立上市公司购买董事高管责任保险的Logit 模型，将控制变量作为匹配变量并计算倾向得分，采用一对一最近邻匹配的方法将处理组中未买保险的样本与控制组中购买保险的样本进行匹配。表 8 检验了匹配后的变量是否满足平衡性假设，可以看出匹配后的标准化偏差都小于10%且大幅降低，匹配后的 p 值都大于10%，即匹配后处理组与控制组的匹配变量之间不存在显著差异。第二步，对匹配后的样本重新进行回归分析。回归结果如表 9 所示，第（1）、第（2）、第（3）、第（4）、第（5）列中董事高管责任保险（DO）的系数为正且在1%的水平上显著，第（3）列中的风险承担（Risk1）的系数在 5%的水平上显著，第（5）列中风险承担（Risk2）的系数结果良好，说明在控制了内生性问题之后，董事高管责任保险与真实盈余管理、企业风险承担正相关，且企业风险承担在董事高管责任保险与真实盈余管理之间发挥部分中介效应，与前文的验证结果一致。

表 8 匹配前后各变量的标准化偏差及 t 值检验

变量	类型	均值		标准化偏差（%）	标准化偏差绝对值减少（%）	t 值检验	
		处理组	控制组			t 值	p 值
Lev	匹配前	0.548	0.438	53.5	97.7	15.91	0.000
	匹配后	0.545	0.543	1.3		0.29	0.774

续表

变量	类型	均值		标准化偏差（%）	标准化偏差绝对值减少（%）	t 值检验	
		处理组	控制组			t 值	p 值
Size	匹配前	23.225	22.120	74.6	96.1	26.68	0.000
	匹配后	23.193	23.236	−2.9		−0.60	0.551
Soe	匹配前	0.684	0.420	55.2	88.0	16.32	0.000
	匹配后	0.688	0.656	6.6		1.50	0.134
Dsize	匹配前	2.299	2.259	22.7	69.0	6.96	0.000
	匹配后	2.297	2.285	7.0		1.50	0.134
Mshare	匹配前	0.023	0.111	−61.4	95.2	−14.84	0.000
	匹配后	0.023	0.027	−3.0		−1.10	0.273
Growth	匹配前	0.182	0.219	−7.6	98.7	−2.25	0.025
	匹配后	0.181	0.181	−0.1		−0.02	0.982
ROA	匹配前	0.029	0.039	−18.0	96.1	−5.84	0.000
	匹配后	0.029	0.028	0.7		0.16	0.874
Dual	匹配前	0.120	0.236	−30.5	86.7	−8.36	0.000
	匹配后	0.121	0.136	−4.1		−1.01	0.311
Top	匹配前	0.377	0.350	18.4	72.0	5.57	0.000
	匹配后	0.379	0.371	5.2		1.11	0.267
Age	匹配前	2.588	2.235	60.7	99.6	16.49	0.000
	匹配后	2.582	2.581	0.2		0.06	0.950
Pay	匹配前	14.694	14.308	51.7	95.5	16.26	0.000
	匹配后	14.67	14.688	−2.3		−0.49	0.624

表 9　PSM 后的回归结果

变量	（1）AREM	（2）Risk1	（3）AREM	（4）Risk2	（5）AREM
DO	0.032***	0.029***	0.029***	0.011***	0.029***
	(4.16)	(3.78)	(3.78)	(4.99)	(3.76)
Risk1			0.243**		
			(2.39)		
Risk2					0.131**
					(2.40)
控制变量	控制	控制	控制	控制	控制
样本量（个）	1751	1751	1751	1751	1751
调整的 R^2	0.250	0.223	0.254	0.226	0.253

六、拓展性分析

（一）不同产权性质的分组研究

改革开放以来，民营企业不断发展壮大，在我国市场中发挥的作用越发重要，但在当前的经济形势下，国有企业仍占据重要地位。首先，我国当前的社会经济环境下，国有企业有着得天独厚的资源获取条件及政治背景优势，国有企业管理层在错误决策时的诉讼风险较低。胡国柳和秦帅（2016）研究认为，国有企业与生俱来的产权性质优势使得其诉讼风险低于非国有企业。而董事高管责任保险的最大优势是可以有效地缓解高管面临的诉讼风险，鉴于国有企业本身较低的诉讼风险，董事高管责任保险的购买对国有企业的边际效用较低，故而从诉讼风险角度来看董事高管责任保险的作用机制对非国有企业的影响较大。其次，国有企业承担了多重目标，作为政府的代表承担着宏观调控、社会维系等责任。Eng 和 Mak（2003）指出，国有企业存续的目标与非国有企业不一致，这会削弱国有企业管理者实施盈余操纵的动机。国有企业要兼顾政府政策及社会责任，如缩小贫富差距、更好地服务公众等，公司的发展、存续与社会各方面都有紧密的联系，在提升业绩的同时会因自身的特殊身份而兼顾各方的利益，因而并非"业绩为王"的国有企业有着较弱的真实交易活动操纵动机。最后，国有企业除了公司治理机制外，受到各方面的监督，有问题的企业及其管理者均会受到严厉的处罚。国有企业存在一套平行的党务考核与检查机制（陈宋生和童晓晓，2017），这种严格的监管机制会对管理层有较强的约束，降低他们从事真实盈余管理行为的可能性，从而可以有效抑制董事高管责任保险带来的高管机会主义动机，弥补了董事高管责任保险的外部监督不足。国有企业购买董事高管责任保险带来的风险规避效用较低，且国有企业的多种任务和责任使得它们面临的业绩压力较低，另外党务监督机制较为严格的国有企业真实盈余操纵的代价较高。因此，非国有企业中，董事高管责任保险与真实盈余管理的相关性较强。综上，本文认为：相比于国有企业，董事高管责任保险与真实盈余管理的正相关关系在非国有企业中更加显著。

本文按照企业实际控制人的性质将样本区分为国有企业组（$Soe=1$）和非国有企业组（$Soe=0$），并分别代入公式（7）进行检验。如果 DO 的系数在非国有企业组中更加显著，那么上述观点成立。由表 10 的第（1）、第（2）列可以看出，非国有企业组（$Soe=0$）中，董事高管责任保险（DO）的系数在 1% 的统计水平上显著为正；而在国有企业组（$Soe=1$）中，董事高管责任保险（DO）的系数在 5% 的统计水平上显著为正。为了进一步确认组别之间董事高管责任保险（DO）的系数差异，本文进行组间系数 Suset 检验，结果小于 0.1，证明两组的系数存在显著差异，证实了本文的观点，即与国有企业相比，董事高管责任保险（DO）与真实盈余管理（$AREM$）的正相关性在非国有企业中更强。

表 10　产权性质、审计规模下的分组检验

变量	(1) Soe = 0	(2) Soe = 1	(3) Big10 = 0	(4) Big10 = 1
DO	0.042 ***	0.014 **	0.040 ***	0.004
	(3.43)	(2.40)	(4.77)	(0.48)
控制变量	控制	控制	控制	控制
样本量(个)	8485	6602	10983	4104
调整的 R^2	0.185	0.172	0.173	0.203

(二) 不同审计规模的分组研究

大型事务所的门槛较高，对审计师的要求较严格，且对审计师有着较为规范的技能培训，因此大型事务所的审计师具有较强的审计能力，在声誉机制及诉讼风险下有强烈的动机对客户严加把控。项英（2017）从我国上市公司 IPO 这一视角出发，研究发现规模较大的事务所有着更严谨的审计流程以及更专业的审计能力，有助于抑制企业的应计盈余管理与真实盈余管理。董事高管责任保险的引入为经理人的真实盈余操纵提供了契机，大型事务所较为严格的审查机制可以有效甄别经理人真实盈余操纵的迹象，降低董事高管责任保险带来的消极影响。

基于声誉理论进行分析，大型事务所的审计师专业能力更强，审计质量较高，且其较好的声誉是影响自身收益和发展的重要因素，因此规模较大的事务所会基于声誉的考虑尽可能地甄别公司的不当行为，对客户违规、虚假行为的容忍度更低，积极识别董事高管责任保险兜底效应下的高管盈余操纵。王静、郝东洋和张天西（2013）研究认为"十大事务所"的审计师专业能力较强、声誉较高，有足够的能力且有强烈的动机识别管理人员的自利行为，尤其是有损企业未来发展的真实盈余操纵手段。基于"深口袋"理论进行分析，如若审计失败，企业经营不当导致信息使用者及投资者的利益受损，那么大型事务所面临的诉讼风险及赔偿金额远高于小型事务所，故而大型事务所的审计师有动机将审计风险降低到一定水平，尽量避免客户出现重大失误及做出违法违规行为。De Angelo（1981）通过演绎论证出，当大型事务所的审计师审计质量降低这一状况被外界所认知时，它面临的潜在损失风险较高。购买董事高管责任保险的公司高管在面临诉讼时可以由保险公司兜底，但是事务所的赔偿风险依然要自己承担，基于自身利益的考虑，大型事务所也会对购买董事高管责任保险的公司严格要求。综上所述，"十大事务所"的审计师考虑到声誉以及可能面临的诉讼风险，对公司的监督及审查更加严格，能够更好地识别公司中的机会主义行为，有效地缓解董事高管责任保险助长的管理层道德风险问题，弥补董事高管责任保险机制的监督不足，削弱董事高管责任保险与真实盈余管理之间的关系。基于此，本文认为：相比于审计规模较大的企业，董事高管责任保险与真实盈余管理的正相关关系在审计规模较小的企业中更显著。

本文借鉴王静、郝东洋和张天西（2013）的研究，构建虚拟变量 $Big10$ 来衡量审计规模的大小，若审计事务所为"十大事务所"则赋值为 1，否则为 0。如果 DO 的系数在 $Big10 = 0$ 的组别中更加显著，那么上述观点成立。由表 10 的第（3）和第（4）列可以看出，董事高管责任保险（DO）的系数在审计规模较小（$Big10 = 0$）的组别中为 0.040，并且在 1% 的统计水平上显著；而在审计规模较大（$Big10 = 1$）的组别中没有通过显著性检验。为了进一步确认组别之间董事高管责任保险（DO）的系数差异，本文进行组间系数 Suset 检验，结果小于 0.1，证明两组的系数存在显著差异，证实了本文观点，即与审计规模较大的公司相比，董事高管责任保险（DO）与真实盈余管理（$AREM$）的正相关性在审计规模较小的公司中更显著。

七、研究结论与建议

本文以沪深两市 A 股上市公司 2010～2019 年的相关数据为样本，在委托代理理论下探究了董事高管责任保险对真实盈余管理、风险承担的影响，并分析了企业风险承担在董事高管责任保险对真实盈余管理影响中的作用机制，进一步从产权性质及审计规模方面考察董事高管责任保险对真实盈余管理作用的异质性，得出以下结论。第一，董事高管责任保险与真实盈余管理正相关。董事高管责任保险的购买助长了高管的真实盈余管理行为，在我国的治理作用中支持了机会主义效应。第二，董事高管责任保险提高了企业的风险承担水平，引发经理人冒险决策，并且风险承担在董事高管责任保险对真实盈余管理的影响中发挥部分中介效应。第三，进一步检验发现，董事高管责任保险对真实盈余管理的影响在不同的产权性质及不同审计规模企业中存在差异，二者的相关性在非国有企业中及审计规模较小的企业中更显著。

根据以上研究结论，本文提出以下针对性建议。第一，制定董事高管责任保险信息披露的相关法律法规。一方面，制定上市公司董事高管责任保险详细信息披露的相关规定。这在一定程度上使得投资者对所投公司的相关信息了解得更充分，高管以及保险公司亦会基于市场的压力积极参与公司治理，资本市场的效率得以提升。另一方面，制定保险公司赔付案例披露的相关规定。便于深度挖掘董事高管责任保险在我国发展过程中存在的问题，促进董事高管责任保险体系的发展与完善。第二，完善董事高管责任保险合同设计的相关规定。结合我国文化及国情制定合适的保险合同，尤其对管理层不遵守勤勉忠实义务的"不当行为"进行更清晰的界定。第三，加强公司风险防控体系。将公司是否购买董事高管责任保险以及董事高管责任保险保费、保额、合同期限、赔付状况等方面进行评分并纳入公司风险防控体系。可以更好地监督董事、高管，加强管理层的风险控制及警惕意识，提前防范购买董事高管责任保险可能导致的负面影响，以促进公司的长期发展。

参考文献

陈宋生，童晓晓 . 2017. 双重监管、XBRL 实施与公司治理效应 . 南开管理评论，6：56 - 63.

郝照辉，胡国柳 . 2014. 董事高管责任保险、私有收益与公司并购行为的研究 . 保险研究，2（12）：78 - 89.

胡国柳，常启国 . 2021. 董事高管责任保险：理论研究与中国实践 . 会计之友，5：17 - 27.

胡国柳，胡珺 . 2017. 董事高管责任保险与企业风险承担：理论路径与经验证据 . 会计研究，5：40 - 47.

胡国柳，秦帅 . 2016. 抑制还是助长？董事高管责任保险与企业诉讼风险 . 商业经济与管理，11：87 - 97.

胡国柳，赵阳 . 2017. 公司治理水平、董事高管责任保险与盈余管理 . 财经理论与实践，38（2）：74 - 80.

贾宁，梁楚楚 . 2013. 董事高管责任保险、制度环境与公司治理：基于中国上市公司盈余管理的视角 . 保险研究，7：57 - 67.

赖黎，唐芸茜，夏晓兰，马永强 . 2019. 董事高管责任保险降低了企业风险吗？——基于短贷长投和信贷获取的视角 . 管理世界，10：160 - 170.

李从刚，许荣 . 2020. 保险治理与公司违规——董事高管责任保险的治理效应研究 . 金融研究，6：188 - 203.

李增福，董志强，连玉君 . 2011. 应计项目盈余管理还是真实活动盈余管理？——基于我国 2007 年所得税改革的研究 . 管理世界，1：121 - 134.

凌士显 . 2019. 董事高管责任保险与上市公司会计稳健性——基于中国上市公司经验数据的检验 . 证券市场导报，5：23 - 31.

凌士显，白锐锋 . 2017. 董事高管责任保险与公司绩效——基于中国上市公司经验数据的实证检验 . 商业研究，10：78 - 85.

王静，郝东洋，张天西 . 2013. 新准则实施后的会计师税务所声誉与审计质量差异——基于应计和真实盈余管理的双重分析视角 . 上海经济研究，25（9）：89 - 99.

文雯 . 2017. 董事高管责任保险与企业风险承担 . 山西财经大学学报，8：101 - 111.

温忠麟，张雷，侯杰泰 . 2004. 中介效应检验程序及其应用 . 心理学报，5：614 - 620.

项英 . 2017. 审计质量、IPO 盈余管理方式和公司业绩 . 财会通讯，36：24 - 29.

邢斐，周泰云 . 2020. 董事高管责任保险与企业战略 . 保险研究，11：32 - 44.

徐宁，张阳，徐向艺 . 2020. CEO 声誉对真实盈余管理的"双刃"效应研究："逐利争名"还是"取义舍利". 上海财经大学学报，4：108 - 120.

许荣，王杰．2012．董事责任保险与公司治理机制的互动影响研究——来自中国 A 股上市公司的证据．保险研究，3：68 – 78．．

余明桂，李文贵，潘红波．2013．管理者过度自信与企业风险承担．金融研究，1：149 – 162．．

Boyer, M. M. & S. Tennyson. 2015. Directors' and officers' liability insurance, corporate risk and risk taking: New panel data evidence on the role of directors' and officers' liability insurance. *Journal of Risk and Insurance*, 82（4）：753 – 791.

Chalmers, J. M. R., L. Y. Dann & J. Harford. 2002. Managerial opportunism? Evidence from directors' and officers' insurance purchases. *Journal of Finance*, 57（2）：609 – 636.

Cohen, D. A. & P. Zarowin. 2010. Accrual – based and real earnings management activities around seasoned equity offerings. *Journal of Accounting and Economics*, 50（1）：2 – 19.

Core, J. E. 2000. The directors' and officers' insurance premium: An outside assessment of the quality of corporate governance. *Journal of Law, Economics, and Organization*, 16（2）：449 – 477.

De Angelo, L. E. 1981. Auditor independent, low balling and disclosure regulation. *Journal of Accounting and Economics*, 3（2）：113 – 127.

Eng, L. L. & Y. T. Mak. 2003. Corporate governance and voluntary disclosure. *Journal of Accountancy and Public Policy*, 22（4）：325 – 345.

Faccio, M., M. T. Marchica & R. Mura. 2011. Large shareholder diversification and corporate risk – taking. *The Review of Financial Studies*, 24（11）：3601 – 3641.

Grant, J., G. Markarian & A. Parbonetti. 2009. CEO risk – related incentives and income smoothing. *Contemporary Accounting Research*, 26（4）：1029 – 1065.

Jia, N. & X. Tang. 2018. Directors' and officers' liability insurance, independent director behavior, and governance effect. *Journal of Risk and Insurance*, 4：1013 – 1054.

Lin, C., S. Hsu, P. L. Chou, Y. Y. Chao & C. W. Li. 2020. The effects of directors' and officers' liability insurance on key auditing matters. *Emerging Markets Finance and Trade*, 5：977 – 1002.

Roychowdhury, S. 2006. Earnings management through real activities manipulation. *Journal of Accounting and Economics*, 42（3）：335 – 370.

Does Directors' and Officers' Liability Insurance Induce Real Earnings Management?

Yongjun Fang, Liudi Shen, Xiaolin Zhu

Abstract：Taking 2010 – 2019 Shanghai and Shenzhen A-share listed companies as samples, this paper makes an empirical test of the influence and mechanism of the directors' and officers' liability insurance on the listed companies' real earnings management. The results show that liability insurance is positively correlated with real earnings management, which indicates that directors' and officers' liability insurance promotes executives' opportunistic behavior. The "bottom line" effect of directors' and officers' liability insurance induces more aggressive behaviors of executives, improves the risk-taking level of enterprises, and then intensifies the real earnings management, that is, risk taking plays a mediating effect between the two. Through the extended research, it is found that there is a stronger correlation between directors' and officers' liability insurance and the company's real earnings management in the context of private enterprises and small external audit scale. This study further deepens the cognition of the capital market on the governance effect of directors' and officers' liability insurance, and provides certain reference significance for the improvement of relevant laws and regulations and the development of regulatory authorities.

Keywords：Directors' and Officers' Liability Insurance；Real Earnings Management；Enterprise Risk Taking

第 20 卷，第 2 辑，2021 年
Vol. 20，No. 2，2021

会 计 论 坛

Accounting Forum

高管地缘关系与企业社会责任*

刘建秋　　刘璞君

【摘　要】本文选取 2009～2018 年在 A 股上市的非金融企业数据，验证了高管出生地与企业所在地之间的地缘关系对企业社会责任的影响。研究发现，高管地缘关系与企业社会责任的履行程度呈显著负相关关系，这表明弱地缘关系的高管会通过让企业承担更多社会责任的方式来弥补企业社会资源的不足。通过对样本的分组回归发现，对于非国有企业、高市场化水平地区的企业和低信任水平地区的企业，高管弱地缘关系与企业社会责任的关系更显著。进一步研究发现，高管弱地缘关系的企业通过承担更多的社会责任提高了获取商业信用资源的能力，促进了企业创新，最终提升了企业价值。本文的研究有助于深入理解高管地缘关系影响企业社会责任的内在逻辑，补充了高管地缘关系这种非正式制度经济后果及其作用机制的研究。

【关键词】企业社会责任；高管地缘关系；资源获取；企业价值

一、引言

在中国这种典型的关系型社会中，关系网络是主要的社会资本来源（罗家德，

收稿日期：2021 - 05 - 07

基金项目：国家社科基金项目（18BGL098）；湖南省教育厅重点项目（20A126）

作者简介：刘建秋，男，湖南工商大学会计学院教授；刘璞君，男，湖南工商大学会计学院硕士研究生，1435825864@ qq. com。

＊ 作者感谢匿名审稿人对本文的宝贵意见，但文责自负。

2012)。作为一种非正式制度，关系网络渗透社会经济的各个层面，有着不可替代的作用。地缘关系作为基础关系的一种，是个体间构建关系网络的重要纽带（宝贡敏和史江涛，2008）。在同一生活背景下的人们往往会具有更一致的情感偏好，相互之间更易建立亲近关系，这种通过地缘关系建立起的关系网络对企业的资源获取有着不可忽视的影响（王如鹏，2009）。

作为企业的领导者，高管出生地与企业所在地的地缘关系可能会影响企业的战略选择。根据地方依赖理论，当高管在出生地工作时，他们在当地的关系网络会为企业提供丰富的社会资源，为企业发展提供天然便利（边燕杰和丘海雄，2000）。反之，当在与出生地不同的地区工作时，高管在工作地的关系网络需要重新构建，然而构建关系网络是一个长期的过程，因此这类高管往往会面临社会资源相对缺乏的困境，影响企业的融资和获取信息的能力（马丽媛，2010）。那么异地工作的高管可能会试图通过维护与企业现有的利益相关者的关系来弥补社会资本的不足，即让企业更多地履行社会责任。企业在履行社会责任的时候，会主动协调各个利益相关者的需求，树立良好的形象，从而获取更多资源支持（温素彬和方苑，2008；徐尚昆和杨汝岱，2009）。而对于本地高管而言，在企业所在地的关系网络较异地高管更为丰富，能够以较为便利的方式获取可供企业发展的资源，通过让企业更多地履行社会责任来弥补关系资源不足的动机较弱。因此，拥有较弱地缘关系高管所在的企业可能会承担更多的社会责任以换取社会资源，从而获取竞争优势。

基于上述分析，本文从高管出生地与企业所在地之间的地缘关系出发，研究这类地缘关系如何影响企业社会责任的履行程度、其作用机制及经济后果。研究发现，高管出生地与企业所在地的地缘关系越弱，企业的社会责任履行程度越高，这表明弱地缘关系的高管会通过让企业承担更多社会责任的方式来弥补异地社会资本的不足，企业性质、企业所在地的市场化水平和企业所在地的信任水平都会对高管地缘关系与企业社会责任之间的关系产生影响。进一步研究发现，高管弱地缘关系的企业通过承担更多的社会责任提高了获取资源的能力，促进了企业创新，最终提升了企业价值。

本文研究贡献如下。（1）现有关于高管出生地与企业所在地之间的地缘关系对企业行为影响的研究相对较少，本文在地方依赖理论的基础上，从资源获取的角度考察了这种高管弱地缘关系对企业社会责任的影响，补充了这种非正式制度对企业经济后果影响的文献。（2）以往关于企业社会责任影响因素的研究主要集中在高管性别、海外背景、政治背景、宗教信仰和任职年限等方面，本文从高管地缘关系这一新的视角分析对企业社会责任的影响，并对其作用机制进行检验，拓展了企业社会责任影响因素的研究。（3）本文的研究证实了弱地缘关系的高管会促使企业更多地承担社会责任，这对企业的商业信用、企业的创新产出和企业的价值有积极的影响，从而为企业组建高管团队提供了启示，丰富了公司治理的相关研究。

二、文献综述与假设提出

（一）文献综述

1. 关系网络与高管地缘关系

在传统文化的影响下，关系文化已经渗透中国社会的方方面面，影响着人的价值观和行为准则（李新春、叶文平和朱沆，2016）。在这种关系型社会背景下，个体作为一个个节点将复杂的血缘、地缘、学缘和业缘关系交错成一张关系网络。在商业社会中，丰富的关系网络不但能够帮助企业获取所需资源（Allen，Qian and Qian，2004；游家兴和刘淳，2011），也有助于企业获取更多有效信息，提高投资效率（赵瑞，2013），对企业的发展有着积极的影响。申宇、赵静梅和何欣（2015）在校友关系网络对基金业绩影响的研究中，发现关系网络能够帮助企业获取更多的商业信息，促使企业更加积极地投资。俞鸿琳（2013）发现关系网络有利于企业进行商业信用融资。此外，企业也会主动维护关系网络。许浩然和荆新（2016）发现，出于对公司声誉的维护，关系网络富足的企业会减小债务违约的概率。

目前大多数关于高管地缘关系的文献研究的主要是高管间的地缘关系。不同于高管间的地缘关系特征，也有部分文献研究高管个人与企业之间的地缘关系，具体可以归纳为两类。一类是从家乡认同的角度展开讨论，即高管在家乡地任职时，会在家乡认同感的驱动下做出有利于家乡建设的决策（李书娟和徐现祥，2016）。胡珺、王红建和宋献中（2017）认为高管在其家乡地任职，会增加企业的环境治理投入。但是这种家乡认同效应，也会因地区而异。李吉园、邓英雯和张敏（2020）在对高管地缘关系与企业避税关系的研究中，通过分组研究发现这种家乡认同效应只存在于国企与低GDP地区的企业，而在非国企和高GDP地区的企业，这种家乡认同效应则不明显。另一类是从资源获取的角度展开讨论。雷光勇、邵悦和章红霞（2020）发现由于缺乏外部资源，在异地工作的高管会更加注重对企业内部资源的利用，企业的创新水平会显著提高。潘越、宁博和戴亦一（2019）认为企业可以依托宗族成员获取更多融资，但是人口的流动会削弱这种支持作用。

2. 企业社会责任的动因及经济后果

企业社会责任要求企业在考虑股东利益的同时，还需要考虑员工、消费者、供应商和社区等利益相关者的需求（Henriques and Sadorsky，1999）。关于企业承担社会责任的动机，具体可以划分为两类。一类是工具动机，即将承担社会责任视为实现目标的一种手段（Fry，Keim and Meiners，1982；Campbell，2007；权小锋、吴世农和尹洪英，2015）。例如，张敏、马黎珺和张雯（2013）认为企业的慈善捐赠行为目的是获取更多的政府补贴。戴亦一、潘越和冯舒（2014）也认为非国有企业把慈善捐赠视为一种"政治献金"，企业为了获取政治关系而进行慈善捐赠。另外，李四海、陈旋和宋献中（2016）研究发现，业绩下滑的企业为了避免商业信用和企业资源流失，反而会增加捐赠支出。另一类为利他动机，即企业出于自愿且不求回报地承担更多的社会责任（Wulfson，2001；Noble，2008；Ohreen and Petry，2012）。目前关于国内企业社会责任的研究中，更多的学者支持工具动机。

企业通过承担社会责任来实现的目标可以分为两类。一类是经济目标，即出于广告营销的目的，通过提高声誉影响消费者的购买意愿，进而提高自身的行业竞争力（徐莉萍、辛宇和祝继高，2011）。例如，山立威、甘犁和郑涛（2008）发现直接与消费者接触的企业可以通过慈善捐赠的方式提高公司声誉，进而增加公司的收入。胡珺、宋献中和王红建（2017）也认为企业的慈善捐赠有助于提高产品在市场上的竞争强度。此外，李增福、汤旭东和连玉君（2016）发现民营企业会出于寻租的动机，通过承担更多的社会责任来提高企业避税程度。另一类是资源获取的目标，即当企业的发展资源受到约束时，企业可能通过承担更多的社会责任营造一个品牌形象，从而赢得更多社会资源（靳小翠，2017）。例如，李姝和谢晓嫣（2014）研究发现企业提高社会责任履行水平能够为融资提供便利，而且能够帮助建立政治关联。

从成本收益的角度来看，短期内企业承担社会责任需要付出一定的财务成本，但是长期来看，承担社会责任可以获得更多的社会资源，为公司营造良好的经营环境（Jones and Wicks，1999）。具体来说，彭镇和戴亦一（2015）研究发现企业进行慈善捐赠能够帮助企业获取长期信贷，而且企业承担更多的社会责任也会起到提高绩效的作用（欧绍华和刘小菊，2017）。李高泰和王尔大（2015）研究发现企业承担的社会责任水平与顾客满意度有正相关的关系，与员工离职率有着负相关关系。张广玲、易澄和胡琴芳（2015）认为企业承担更多的社会责任能帮助企业获取市场信息，有利于产品技术与质量的提升，增强产品的市场竞争优势。

综上所述，现有文献对高管地缘关系的经济后果和企业社会责任的影响因素都有丰富的研究，但是没有关于高管出生地与企业所在地之间的地缘关系对企业社会责任的影响的研究。本文尝试对二者之间的联系进行探讨，对现有研究进行补充。

（二）假设提出

中国属于典型的关系型社会，关系网络作为中国人主要的社会资本来源，不仅对个体发展有着重要影响，也在组织层面影响着企业的可利用资源（Chen and Chen，2004；Zhang and Zhang，2006）。当高管在出生地任职时，因为出生地有高管长期生活积累的亲友等关系网络，容易通过本地的网络关系获取可供企业发展的资源。而当高管选择在与出生地不同的地区工作时，与本地高管长期积累的社会资本相比，高管在异地工作时会相对缺乏当地资源的支撑。

在异地工作的高管可能会试图通过提高企业社会责任的承担水平弥补关系资源的不足。对于企业来说，提高对社会责任的履行程度虽然会付出一定的财务成本，但是长期来看，不但能起到向外界传递乐观信号的作用（李四海、陈旋和宋献中，2016），也能提高大众对企业的认可度，进而提升企业的价值（齐丽云、李腾飞和郭亚楠，2017）。此外，企业承担更多的社会责任能够提升高管的社会声誉，为高管提供人脉等无形收益，满足异地工作的高管对社会认同感的需求。从资源角度来看，提高企业社会责任的承担水平有利于加强员工的组织认同（张倩、何姝霖和时小贺，2015；Wiggenhorn，Pissaris and Gleason，2016），维护企业与供应商和零售商之间的关系（Carter and Jennings，2002；倪得兵、李璇和唐小我，2015），帮助企业获取更多的合同订单（Flammer，2018），也能在一定程度上减轻企业的资本约束（刘计含和王建琼，2012）。因此，基于个人和企业发展的现实需求，地缘关系弱的高管有动机借助提高企业社会责任的承担水平来弥补社会资源的不足。相反，若高管选择在出生地工作，本地广泛的关系网络能够帮助高管以较为便利的方式获取发展资源，即外部发展资源较为丰富，从而往往会忽视通过让企业承担更多的社会责任来获取资源这一途径。基于以上分析，提出假说：

H1 高管的弱地缘关系会促进企业承担更多的社会责任。

三、研究方法设计

（一）样本选取及数据来源

本文选取 2009～2018 年在 A 股上市的非金融企业作为样本，其中非金融企业的界定标准是根据 2012 年中国证券监督管理委员会颁布的《上市公司行业分类指引》来界定。同时剔除 ST、PT、财务数据缺失和企业社会责任数据缺失的企业样本，并对所有的连续变量在 1% 和 99% 的水平上进行缩尾处理，最终得到 2790 个样本观测值。数据主要来源于润灵环球（RKS）数据库以及国泰安 CSMAR 数据库。

（二）变量选取及模型设定

1. 地缘关系的度量

本文借鉴俞俊利、金鑫和梁上坤（2018）的方法，以收集到的高管出生地和企业办公地的地址信息衡量高管地缘关系。对地址信息进行处理得到省级地缘关系/市级地缘关系（*Province/City*），表示董事长或者总经理的出生地与公司的办公地是否同省份/同地级市，是则为 0，否则为 1。此外，本文在稳健性分析中用 *Distance* 代替省级地缘关系/市级地缘关系（*Province/City*），*Distance* 表示高管出生地和企业办公地二者之间的地理距离（以百公里为单位），数值越大表示高管地缘关系越弱。

2. 企业社会责任的度量

现有文献对企业承担的社会责任的衡量有两方法：一是使用第三方机构对各个企业社会责任的评分（李心斐、程宝栋和许恒等，2020），二是使用由财务数据计算而成的每股社会贡献值（刘柏和王一博，2020）。目前较多的学者选用的是第一种方法。考虑到样本数据的可靠性和可获得性，本文选取第三方机构润灵环球（RKS）数据库中 2009～2018 年对各个企业社会责任的评分。企业社会责任的评分越高，表示企业承担的社会责任水平越高。

3. 回归模型设定

本文设定基本回归模型如下：

$$CSR_{i,t} = \alpha_0 + \alpha_1 Province_{i,t}/City_{i,t} + \alpha_2 Controls_{i,t} + \varepsilon_{i,t} \tag{1}$$

其中，下标 i、t 分别表示企业和年度；*Controls* 是一组企业特征控制变量。借鉴刘柏和王一博（2020）的研究方法，选取了以下控制变量：公司规模（*Size*）、盈利能力（*ROA*）、财务杠杆（*LEV*）、成长能力（*Growth*）、企业性质（*State*）、高管规模（*Exsize*）、股权集中度（*Top*1）、独立董事比例（*Indper*）。

本文变量及其定义如表 1 所示。

表 1　变量符号与定义

变量	符号	定义
企业社会责任	*CSR*	润灵环球对上市公司社会责任的评价指数
地缘关系	*Province/City*	董事长或总经理出生地与公司办公地是否同省份/同地级市，是则为 0，否则为 1
	Distance	董事长或总经理出生地与公司办公地的距离（以百公里为单位）
公司规模	*Size*	公司总资产的自然对数
盈利能力	*ROA*	净资产收益率
财务杠杆	*LEV*	总负债/总资产
成长能力	*Growth*	（本年营业收入金额—上一年营业收入金额）/上一年营业收入金额
企业性质	*State*	如果该企业为国企为 1，反之为 0
高管规模	*Exsize*	高级管理人员总人数
股权集中度	*Top*1	第一大股东持股比例
独立董事比例	*Indper*	独立董事人数/董事会总人数

四、实证结果与分析

（一）描述性统计

主要变量的描述性统计结果见表2。对于解释变量 *Province* 和 *City* 来说，均值分别为0.444和0.719，说明中国企业的高管普遍存在异地工作现象。经计算，强省级地缘关系（董事长或总经理的出生地与企业办公地为同一省份）的样本占总样本的比例高达55.6%，略高于弱省级地缘关系的样本；强市级地缘关系（董事长或总经理的出生地与企业办公地为同一地级市）的样本占比约为28%。对于被解释变量（*CSR*）来说，最大值和最小值之间差别较大，说明不同的企业对社会责任的投入差异性较大。

表2　主要变量的描述性统计

变量	均值	标准差	最小值	最大值
CSR	39.608	13.345	18.34	78.49
Province	0.444	0.497	0	1
City	0.719	0.449	0	1
Size	23.468	1.539	20.467	27.488
LEV	0.519	0.193	0.07	0.86
ROA	0.087	0.095	−0.333	0.33
Growth	0.342	0.814	−0.618	5.515
State	0.626	0.484	0	1
Exsize	7.421	3.019	3	18
*Top*1	39.642	16.2	10	76.31
Indper	0.378	0.062	0.308	0.6

（二）回归结果分析

表3给出了高管地缘关系对企业社会责任影响的回归结果。回归结果显示 *Province*/*City* 与 *CSR* 呈显著正相关，即弱地缘关系会提高企业社会责任承担水平。其中，第（1）列和第（2）列是单独对 *Province*/*City* 与 *CSR* 的关系进行回归，结果显示 *Province* 和 *City* 都在1%的显著性水平上对企业社会责任有着正向影响，系数分别为4.063和5.990。第（3）列和第（4）列在第（1）列和第（2）列的基础上加入了控制变量，结果显示 *Province* 和 *City* 与 *CSR* 在5%和1%的水平上显著相关，系数分别为0.864和2.335。第（5）列和第（6）列进一步控制了年度和行业的固定效应，结果显示 *Province* 和 *City* 仍然与 *CSR* 在5%和1%的显著性水平上相关，系数分别为0.816和

2.126，且各个控制变量的系数与第（3）列和第（4）列的系数基本保持一致。回归结果初步验证了假设 H1，表明在中国资本市场中，企业高管出生地与企业所在地的弱地缘关系会对企业承担的社会责任水平产生正向影响。

表 3　基本回归结果

变量	(1)	(2)	(3)	(4)	(5)	(6)
Province	4.063 ***		0.864 **		0.816 **	
	(8.08)		(2.00)		(1.97)	
City		5.990 ***		2.335 ***		2.126 ***
		(9.98)		(4.43)		(4.16)
Size			5.358 ***	5.431 ***	4.363 ***	4.520 ***
			(29.27)	(27.72)	(23.04)	(22.71)
ROA			− 8.351 ***	− 9.665 ***	1.003	− 1.181
			(− 3.66)	(− 3.96)	(0.44)	(− 0.49)
LEV			− 12.563 ***	− 13.072 ***	− 6.779 ***	− 8.076 ***
			(− 9.71)	(− 9.37)	(− 4.88)	(− 5.35)
Growth			− 0.537 **	− 0.517 *	− 0.068	− 0.219
			(− 2.07)	(− 1.70)	(− 0.25)	(− 0.69)
State			− 1.137 **	− 2.037 ***	− 0.443	− 1.346 ***
			(− 2.40)	(− 3.92)	(− 0.94)	(− 2.60)
Exsize			0.466 ***	0.441 ***	0.489 ***	0.450 ***
			(6.36)	(5.60)	(6.84)	(5.89)
*Top*1			0.002	− 0.006	0.011	0.002
			(0.12)	(− 0.37)	(0.80)	(0.13)
Indper			− 5.113	− 5.451	− 3.783	− 5.459
			(− 1.49)	(− 1.50)	(− 1.13)	(− 1.53)
Constant	37.841 ***	35.822 ***	− 79.921 ***	− 81.261 ***	− 71.207 ***	− 73.909 ***
	(112.92)	(70.34)	(− 21.45)	(− 20.54)	(− 17.82)	(− 17.78)
年度	no	no	no	no	yes	yes
行业	no	no	no	no	yes	yes
样本数(个)	2790	2356	2790	2356	2790	2356
R^2	0.023	0.041	0.330	0.339	0.401	0.418

注：括号内为 t 值，*、**、*** 分别代表在 10%、5%、1% 的水平上显著；下文同。

（三）稳健性检验

1. Heckman 两阶段模型

如果企业高管会由于某种偏好选择就业地，而且这种偏好又与企业社会责任相关，那么上述回归就存在样本选择偏误。为排除这一问题，本文进行 Heckman 两阶段检验。

具体过程如下，在一阶段检验中以 *Province/City* 为被解释变量进行 Probit 回归，另外在原有的控制变量上增加了一个外生变量：企业所在地大学数量（*Edu*），用企业所在地"211"工程大学数量来衡量。因为地区的教育会影响到高管选择就业地，但不会直接影响到企业承担的社会责任，因此可以作为外生变量解决自选择问题。然后通过 Probit 回归计算出逆米尔斯比率。在二阶段检验中，将计算出的逆米尔斯比率作为控制变量代入上述模型重新进行回归。Heckman 两阶段模型的回归结果见表 4。

表 4 Heckman 两阶段模型回归结果

变量	一阶段	二阶段	一阶段	二阶段
	Province	*CSR*	*City*	*CSR*
Edu	0.051 ***		0.077 ***	
	(15.28)		(10.29)	
Province		1.314 ***		
		(3.04)		
City				2.639 ***
				(4.98)
控制变量	yes	yes	yes	yes
年度	yes	yes	yes	yes
行业	yes	yes	yes	yes
样本数(个)	2778	2778	2339	2339
R^2	0.1288	0.405	0.1935	0.417

表 4 中的结果显示，企业所在地大学数量会显著影响省级地缘关系和市级地缘关系（省级地缘关系模型中的回归系数为 0.051，并且在 1% 的水平上显著；市级地缘关系模型中的回归系数为 0.077，并且也在 1% 的水平上显著），表示地区教育水平与高管地缘关系是相关的。在控制逆米尔斯比率这一变量后，*Province* 和 *City* 的回归系数分别为 1.314 和 2.639 并且均在 1% 的水平上显著，这与前文得到的结果是一致的，表示上述结果并不会受到自选择问题的影响。

2. 倾向得分匹配（PSM）

本文可能存在样本自选择问题，即高管弱地缘关系的企业和强地缘关系的企业在承担社会责任的水平上本来就具有差异。为解决这一问题，本文使用 PSM 方法进行检验。首先，分别以 *Province* 和 *City* 作为被解释变量，以公司规模、盈利能力、财务杠杆、成长能力、企业性质、高管规模、股权集中度和独立董事比例作为解释变量进行回归并计算出倾向得分值，再根据倾向得分值分别进行 1:1 和 1:2 匹配，最后将匹配的样本重新进行回归。回归结果见表 5，检验结果显示省级地缘关系和市级地缘关系的系数仍然都显著为正，进一步验证了假设 H1。

表5　倾向得分匹配回归结果

变量	1：1 PSM		1：2 PSM	
	（1）	（2）	（3）	（4）
Province	0.939 *		1.107 **	
	(1.82)		(2.44)	
City		2.213 ***		2.176 ***
		(3.86)		(4.14)
控制变量	yes	yes	yes	yes
年度	yes	yes	yes	yes
行业	yes	yes	yes	yes
样本数(个)	1927	2153	2303	2281
R^2	0.427	0.398	0.410	0.399

3. 限定样本

考虑到企业高管未发生变更时，高管地缘关系也不会发生改变。为了能更好地观察高管地缘关系对企业社会责任的影响，删除高管未发生变更的样本，将筛选出的高管变更的前一年和后一年的样本重新进行回归，基于筛选后样本的回归结果中系数较上述回归结果更大，且符号一致。

4. 解释变量替代

借鉴雷光勇、邵悦和章红霞（2020）对地缘关系的计量，以收集的企业办公地和高管出生地的信息，经高德地图软件转换为两地的经纬度，并计算出企业办公地与高管出生地之间的地理距离（*Distance*），对解释变量 *Province/City* 进行替代，再次进行回归。在三个模型中，*Distance* 的系数显著为正，同样验证了弱地缘关系促进企业承担更多的社会责任。

5. 高管类型分类

为验证高管地缘效应对于每个职位上的高管是否普遍存在，是否会因职位的不同而有所差距，本文依据高管类别分别进行回归。结果显示，*Province* 和 *City* 的回归系数都显著为正，说明无论是董事长还是总经理，高管地缘关系对企业社会责任的影响都普遍存在。

五、异质性检验

（一）企业性质分类

由于我国经济体制的特殊性，政府的意志主导着国有企业的行为，这决定了国有企业不仅具有商业性质还具备一定的公益性质。因此，相较于非国有企业，国有企业承担社会责任更倾向于利他动机。此外，与非国有企业相比，国有企业的资源充足，因此对于国有企业而言，社会责任的承担水平与高管地缘关系的联系会相对较弱。而对于非国有企业，承担社会责任则更倾向于工具动机（戴亦一、潘越和冯舒，2014），在资源相对劣势的情况下，弱地缘关系的高管通过提高企业社会责任承担水平来获取社会资源的动机强烈。基于此，本文认为高管弱地缘关系对企业社会责任的促进作用在非国有企业中更为明显。

为验证以上分析，根据企业性质将样本分为国有企业样本和非国有企业样本分别进行回归。回归结果见表6，国有企业样本中只有市级地缘关系的系数在5%的水平上显著，为1.557；在非国有企业样本中，省级地缘关系与市级地缘关系的系数都在1%的水平上显著，分别为3.142和2.675。对比而言，非国有企业中高管地缘关系与企业社会责任的关系更加显著，表示在非国有企业中，由于发展资源的缺乏，高管会倾向于通过提高企业对社会责任的履行程度来获取资源。而在国有企业中，发展资源相对丰富，而且社会责任的履行更是出于一种制度的要求，高管地缘关系与企业社会责任的相关性较弱。

表6 企业性质分组回归结果

变量	(1) 国有企业	(2) 非国有企业	(3) 国有企业	(4) 非国有企业
Province	-0.751 (-1.38)	3.142*** (5.19)		
City			1.557** (2.12)	2.675*** (4.09)
控制变量	yes	yes	yes	yes
年度	yes	yes	yes	yes
行业	yes	yes	yes	yes
样本数(个)	1751	1053	1492	877
R^2	0.437	0.372	0.463	0.374
经验P值	0.0000***		0.1824	

（二）地区市场化水平分类

一般来说，市场化程度高的地区，市场基础设施和法律环境要相对较好，市场中的信息透明度会更高，民众的经济意识也更强。因此，市场化程度更高的地区企业通过履行社会责任积累的社会资本也会更多，即企业社会责任的反馈机制的效果更好（罗津和贾兴平，2017）。而在市场化程度较低的地区，政府在资源分配上会有一定的不公平性，当地的关系资源对企业的发展更加重要，而且不完善的制度也会在一定程度上影响企业社会责任的履行，这就造成了企业社会责任的反馈机制受阻。因此，高市场化水平地区的企业更愿意提升社会责任的承担水平来弥补社会资源的缺失。

为验证以上分析，本文采用各地区市场化指数来衡量地区市场化程度。根据企业所在地地区市场化程度将样本分成高市场化水平地区与低市场化水平地区两组分别进行检验，回归结果见表7。在高市场化水平地区的样本中，省级地缘关系与市级地缘关系的系数都在1%的水平上显著，分别为2.458和3.892；而在低市场化水平地区的样本中，省级地缘关系与市级地缘关系的系数并不显著：验证了上述分析。

表7　地区市场化水平分组回归结果

变量	(1) 高市场化水平地区	(2) 低市场化水平地区	(3) 高市场化水平地区	(4) 低市场化水平地区
Province	2.458 *** (3.39)	− 0.147 (− 0.30)		
City			3.892 *** (4.67)	1.054 (1.64)
控制变量	yes	yes	yes	yes
年度	yes	yes	yes	yes
行业	yes	yes	yes	yes
样本数(个)	1021	1770	834	1535
R^2	0.459	0.437	0.502	0.435
经验 P 值	0.0024 ***		0.0055 ***	

（三）地区信任水平分类

根据以往研究，地区信任对企业的社会资本的积累有促进作用（吴宝，2017）。地区信任度越低，企业的融资成本和交易成本越高（刘凤委、李琳和薛云奎，2009）。而且地区信任水平与企业的融资约束呈负相关关系（吴永钢、范若滢和马亚明，2016）。那么当地区信任度低时，企业可能需要承担更多的社会责任来提高当地对外地高管的信任程度，以积累社会资源。据此提出假设：对于低信任水平地区的企业，高管地缘关系与企业社会责任的关系更明显，而对于高信任水平地区的企业，高管地缘关系与企业社会责任的关系则不明显。

为验证以上分析，本文借鉴陈斌开和陈思宇（2018）对地区内人际信任水平的衡量，选用中国综合社会调查（CGSS）数据中关于对陌生人的信任水平的调查数据，评分越高表示对陌生人越信任。首先对问卷中的信任评分按照各省份取平均值，然后依照地区信任水平的高低将样本分为高信任水平地区样本与低信任水平地区样本进行检验，回归结果见表8。在低信任水平地区的样本中，省级地缘关系与市级地缘关系的系数都在1%的水平上显著，分别为2.057和3.032；而在高信任水平地区的样本中，只有市级地缘关系的系数在10%的水平上显著，为1.483：验证了上述分析。

表 8 地区信任水平分组回归结果

变量	（1）高信任水平地区	（2）低信任水平地区	（3）高信任水平地区	（4）低信任水平地区
$Province$	－ 0.314	2.057 ***		
	（－ 0.52）	（3.75）		
$City$			1.483 *	3.032 ***
			（1.94）	（4.47）
控制变量	yes	yes	yes	yes
年度	yes	yes	yes	yes
行业	yes	yes	yes	yes
样本数(个)	1063	1727	932	1424
R^2	0.573	0.368	0.567	0.381
经验 P 值	0.0024 ***		0.0972 *	

六、进一步研究：经济后果检验

根据上述研究，高管弱地缘关系导致的社会资源的不足，会促使企业通过承担更多的社会责任来促进良好的利益相关者关系，这种良好的利益相关者关系会增强员工、供应商、消费者和社区等责任承载主体对公司的信任，各利益相关者都是企业资源的投入主体。因此，我们预期，弱地缘关系高管通过让企业承担更多的社会责任，会提升企业获取资源的能力，并且有益于企业更加高效地组织内外资源，促进企业创新产出，并最终提升企业价值。本部分将从企业商业信用、企业创新和企业价值的视角，分别检验弱地缘关系高管所在企业承担社会责任产生的经济后果。

（一）高管地缘关系、企业社会责任与企业商业信用

商业信用的高低反映了企业获取供应商等利益相关主体资源支持的能力（张正勇和邓博夫，2018）。冯丽艳、肖翔和赵天骄（2016）研究发现履行更多的社会责任能够帮助企业维护与供应商的良好关系，降低商业信用的交易成本。因此，存在高管弱地缘关系的企业通过承担更多的社会责任可能会提高自身的商业信用获取能力。本文借鉴 Fisman 和 Love（2003）的方法以应付账款/总资产衡量企业商业信用，并将其滞后一期作为被解释变量，并加入公式（1）中的控制变量同时控制年度和行业固定效应构建以下模型验证这一假说：

$$Credit_{i,t+1} = \beta_0 + \beta_1 Province_{i,t}/City_{i,t} + \beta_2 Controls_{i,t} + \tau_{i,t} \qquad (2)$$

$$Credit_{i,t+1} = \rho_0 + \rho_1 Province_{i,t}/City_{i,t} + \rho_2 CSR_{i,t} + \rho_3 Controls_{i,t} + \xi_{i,t} \qquad (3)$$

对上述模型进行回归，结果如表 9 的面板 A 所示。在第（1）列中，省级地缘关系（Province）的回归系数为 0.0064，t 值为 2.63，与商业信用（Credit）在 1%的水平上显著正相关，说明高管的弱地缘关系会提升商业信用水平。在第（2）列中，省级地缘关系（Province）的回归系数为 0.0062，t 值为 2.55，回归系数和 t 值相比第（1）列有所减小，但省级地缘关系（Province）与商业信用（Credit）仍在 5%的水平上显著正相关，且企业社会责任（CSR）的回归系数为 0.00024，t 值为 2.19，与商业信用（Credit）也在 5%的水平上显著正相关。在第（3）列中，市级地缘关系（City）的回归系数为 0.008，t 值为 2.50，与商业信用（Credit）在 5%的水平上显著正相关。在第（4）列中，市级地缘关系（City）的回归系数为 0.007，t 值为 2.35，回归系数和 t 值相比第（3）列有所减小，但市级地缘关系（City）与商业信用（Credit）仍在 5%的水平上显著正相关，且企业社会责任（CSR）的回归系数为 0.00021，t 值为 1.70，与商业信用（Credit）在 10%的水平上显著正相关。说明高管的弱地缘关系会使企业提升商业信用水平，且企业社会责任在其中起到了部分中介作用。

表 9　高管地缘关系、企业社会责任以及经济后果分析

面板 A：企业商业信用（Credit）

变量	（1）	（2）	（3）	（4）
Province	0.006 ***	0.006 **		
	(2.63)	(2.55)		
City			0.008 **	0.007 **
			(2.50)	(2.35)
CSR		0.000 **		0.000 *
		(2.19)		(1.70)
样本数（个）	2783	2783	2349	2349
R^2	0.368	0.369	0.380	0.381

面板 B：企业创新（Patent）

变量	（1）	（2）	（3）	（4）
Province	19.522 ***	19.083 ***		
	(3.54)	(3.46)		
City			13.974 *	12.551 *
			(1.88)	(1.68)
CSR		0.521 **		0.651 **
		(2.06)		(2.16)
样本数（个）	2786	2786	2352	2352
R^2	0.101	0.102	0.110	0.111

续表

面板 C：企业价值（*TobinQ*）

变量	（1）	（2）	（3）	（4）
Province	0.189 ***	0.183 ***		
	（5.52）	（5.37）		
City			0.090 **	0.072 *
			（2.13）	（1.71）
CSR		0.007 ***		0.008 ***
		（4.66）		（4.84）
样本数（个）	2739	2739	2313	2313
R^2	0.497	0.501	0.505	0.510

（二）高管地缘关系、企业社会责任与企业创新

企业创新表现为企业对内外部资源的获取、组织和利用能力，履行社会责任能帮助企业维持良好的利益相关者关系，积累发展资源。履行对财务资本所有者的社会责任能使企业获得更多的低成本资本，为创新提供财务资源；履行对员工的社会责任如建立良好的薪酬体系和员工福利体系，可为企业积累智力资本，激发员工的积极性，而员工的智力资本是企业创新的源泉（李文茜和刘益，2017）。良好的企业利益相关者关系也能给企业创造更好的发展环境，提高企业的创新效率。因此，高管弱地缘关系企业通过承担更多的社会责任获取社会资源可能会促进企业创新。本文借鉴陈远燕、何明俊和张鑫媛（2018）的方法以企业独立获得的发明数量衡量企业创新，并将企业独立获得的发明数量滞后一期作为被解释变量，加入上述控制变量同时控制年度和行业固定效应构建以下模型验证以上假说：

$$Patent_{i,t+1} = \varphi_0 + \varphi_1 Province_{i,t}/City_{i,t} + \varphi_2 Controls_{i,t} + \omega_{i,t} \tag{4}$$

$$Patent_{i,t+1} = \gamma_0 + \gamma_1 Province_{i,t}/City_{i,t} + \gamma_2 CSR_{i,t} + \gamma_3 Controls_{i,t} + \eta_{i,t} \tag{5}$$

对上述模型进行回归，结果如表9的面板 B 所示。在第（1）列中，省级地缘关系（*Province*）的回归系数为 19.522，t 值为 3.54，与企业创新（*Patent*）在 1% 的水平上显著正相关，说明高管的弱地缘关系会促进企业创新。在第（2）列中，省级地缘关系（*Province*）的回归系数为 19.083，t 值为 3.46，回归系数和 t 值相比第（1）列有所减小，但省级地缘关系（*Province*）与企业创新（*Patent*）仍在 1% 的水平上显著正相关，且企业社会责任（*CSR*）的回归系数为 0.521，t 值为 2.06，与企业创新（*Patent*）在 5% 的水平上显著正相关。在第（3）列中，市级地缘关系（*City*）的回归系数为 13.974，t 值为 1.88，与企业创新（*Patent*）在 10% 的水平上显著正相关。在第（4）列中，市级

地缘关系（City）的回归系数为 12.551，t 值为 1.68，回归系数和 t 值相比第（3）列有所减小，但市级地缘关系（City）与企业创新（Patent）仍在 10% 的水平上显著正相关，且企业社会责任（CSR）的回归系数为 0.651，t 值为 2.16，与企业创新（Patent）在 5% 的水平上显著正相关。说明高管的弱地缘关系能够促使企业创新，且企业社会责任在其中起到了部分中介作用。

（三）高管地缘关系、企业社会责任与企业价值

根据利益相关者理论，履行社会责任有助于企业与利益相关者建立良好的关系，为企业获取竞争优势，提升企业价值（Jones，1995）。王清刚和李琼（2015）从供应链的视角，研究发现企业履行对供应商、股东、政府及客户等部分利益相关者的社会责任与公司价值显著正相关。李志斌、阮豆豆和章铁生（2020）在此基础上发现，虽然履行社会责任对当期的公司价值有负向影响，但长时间来看社会责任对公司价值有着正向的影响。这些既有研究都证实了企业社会责任对企业价值的正向影响，而本文上述论证也已验证了高管的弱地缘关系对企业社会责任具有促进作用，那么高管的弱地缘关系对企业社会责任的影响是否会提升企业价值呢？为验证以上分析，本文借鉴严若森和周燃（2021）的方法，以 TobinQ 滞后一期衡量企业价值，并作为被解释变量，加入上述控制变量同时控制年度和行业固定效应构建以下模型：

$$TobinQ_{i,t+1} = \chi_0 + \chi_1 Province_{i,t}/City_{i,t} + \chi_2 Controls_{i,t} + \delta_{i,t} \qquad (6)$$

$$TobinQ_{i,t+1} = \lambda_0 + \lambda_1 Province_{i,t}/City_{i,t} + \lambda_2 CSR_{i,t} + \lambda_3 Controls_{i,t} + \mu_{i,t} \qquad (7)$$

对上述模型进行回归，结果如表 9 的面板 C 所示。在第（1）列中，省级地缘关系（Province）的回归系数为 0.189，t 值为 5.52，与企业价值（TobinQ）在 1% 的水平上显著正相关，说明高管的弱地缘关系确实会提升企业的价值。在第（2）列中，省级地缘关系（Province）的回归系数为 0.183，t 值为 5.37，回归系数和 t 值相比第（1）列有所减小，但省级地缘关系（Province）与企业价值（TobinQ）仍在 1% 的水平上显著正相关，且企业社会责任（CSR）的回归系数为 0.007，t 值为 4.66，与企业价值（TobinQ）也在 1% 的水平上显著正相关。在第（3）列中，市级地缘关系（City）的回归系数为 0.090，t 值为 2.13，与企业价值（TobinQ）在 5% 的水平上显著正相关。在第（4）列中，市级地缘关系（City）的回归系数为 0.072，t 值为 1.71，回归系数和 t 值相比第（3）列均有所减小，但市级地缘关系（City）与企业价值（TobinQ）仍在 10% 的水平上显著正相关，且企业社会责任（CSR）的回归系数为 0.008，t 值为 4.84，与企业价值（TobinQ）在 1% 的水平上显著正相关。说明在高管地缘关系对企业价值的影响中，企业社会责任的中介效应确实存在。上述假设得到了验证，即高管的弱地缘关系能够提升企业价值，且企业的社会责任在其中起到了部分中介作用。

七、研究结论及建议

本文选取 2009～2018 年在 A 股上市的非金融公司作为样本，分析并检验了高管出生地与企业所在地之间的地缘关系与企业社会责任的联系，拓展了关于企业社会责任影响因素的研究。研究发现，出于资源获取的目的，外地高管会通过提高企业社会责任的承担水平来弥补企业发展资源的不足。通过分类回归发现，在非国有企业、高市场化水平地区的企业和低信任水平地区的企业，高管地缘关系与企业社会责任的关系更加明显。进一步研究发现，弱地缘关系高管所在的企业承担更多的社会责任有助于企业积累商业信用，提高企业创新能力，增加企业价值。

本文结论不仅丰富了企业承担社会责任的动机研究，同时，还对建立良好的公司治理机制具有一定的启发。相对于本地任职，异地任职可能更有利于高管发挥主观能动性，从而促进企业价值创造能力提升。研究结论对企业管理也有积极的启示，处于社会资源劣势的企业可以适当地去提高社会责任的承担水平，不仅能向各方利益相关者传递积极的信号，也能在一定程度上为企业带来更多的发展资源，提升企业价值。对于政策制定者而言，要重视地缘关系这种非正式制度的公司治理作用，如合理引导高管的异地聘任机制发展和任期异地交流，从而推动企业社会责任的更好履行，促进企业健康发展。

参考文献

宝贡敏，史江涛.2008.中国文化背景下的"关系"研究述评.心理科学，4：1017–1020.

边燕杰，丘海雄.2000.企业的社会资本及其功效.中国社会科学，2：87–99.

陈斌开，陈思宇.2018.流动的社会资本——传统宗族文化是否影响移民就业？.经济研究，53（3）：35–49.

陈远燕，何明俊，张鑫媛.2018.财政补贴、税收优惠与企业创新产出结构——来自中国高新技术上市公司的证据.税务研究，12：48–54.

戴亦一，潘越，冯舒.2014.中国企业的慈善捐赠是一种"政治献金"吗？——来自市委书记更替的证据.经济研究，49（2）：74–86.

冯丽艳，肖翔，赵天骄.2016.社会责任、商业信任与商业信用成本.北京工商大学学报（社会科学版），31（1）：64–74.

胡珺，宋献中，王红建.2017.非正式制度、家乡认同与企业环境治理.管理世界，3：76–94.

胡珺，王红建，宋献中.2017.企业慈善捐赠具有战略效应吗？——基于产品市场竞争的视角.审计与经济研究, 32 (4)：83 - 92.

靳小翠. 2017. 企业社会责任会影响社会资本吗? ——基于市场竞争和法律制度的调节作用研究. 中国软科学, 2：129 - 139.

雷光勇, 邵悦, 章红霞. 2020. 高管异地工作与企业创新. 外国经济与管理, 42 (12)：44 - 55.

李高泰, 王尔大. 2015. 企业社会责任对企业绩效的影响机制研究. 软科学, 29 (9)：59 - 62.

李吉园, 邓英雯, 张敏. 2020. 本地 CEO 与企业避税：家乡认同还是寻租? 会计研究, 7：119 - 130.

李姝, 谢晓嫣. 2014. 民营企业的社会责任、政治关联与债务融资——来自中国资本市场的经验证据. 南开管理评论, 17 (6)：30 - 40.

李书娟, 徐现祥. 2016. 身份认同与经济增长. 经济学 (季刊), 15 (3)：941 - 962.

李四海, 陈旋, 宋献中. 2016. 穷人的慷慨：一个战略性动机的研究. 管理世界, 5：116 - 127.

李文茜, 刘益. 2017. 技术创新、企业社会责任与企业竞争力——基于上市公司数据的实证分析. 科学学与科学技术管理, 38 (1)：154 - 165.

李新春, 叶文平, 朱沆. 2016. 牢笼的束缚与抗争：地区关系文化与创业企业的关系战略. 管理世界, 10：88 - 102.

李心斐, 程宝栋, 许恒, 李芳芳. 2020. 高管"海归"背景有助于企业社会责任履行吗? ——基于 A 股上市公司的经验数据. 经济管理, 42 (11)：56 - 72.

李增福, 汤旭东, 连玉君. 2016. 中国民营企业社会责任背离之谜. 管理世界, 9：136 - 148.

李志斌, 阮豆豆, 章铁生. 2020. 企业社会责任的价值创造机制：基于内部控制视角的研究. 会计研究, 11：112 - 124.

刘柏, 王一博. 2020. 股价高估与企业社会责任的关系研究. 经济管理, 42 (1)：76 - 92.

刘凤委, 李琳, 薛云奎. 2009. 信任、交易成本与商业信用模式. 经济研究, 44 (8)：60 - 72.

刘计含, 王建琼. 2012. 企业社会责任与资本约束——来自中国上市公司的证据. 管理评论, 24 (11)：151 - 157.

罗家德. 2012. 关系与圈子——中国人工作场域中的圈子现象. 管理学报, 9：165 - 171.

罗津, 贾兴平. 2017. 企业社会责任行为与技术创新关系研究——基于社会资本理论. 研究与发展管理, 29 (4)：104 - 114.

马丽媛. 2010. 企业家社会资本的测量及其对企业绩效的影响——基于新兴第三产业上市公司的实证研究. 南方经济, 5：33 - 45.

倪得兵, 李璇, 唐小我. 2015. 供应链中 CSR 运作：相互激励、CSR 配置与合作. 中国管理科学, 23 (9)：97 - 105.

欧绍华, 刘小菊. 2017. 企业慈善捐赠对绩效的影响研究——基于 2005 年 ~ 2014 年 A 股上市公司的实证研究. 经济经纬, 34 (1)：118 - 123.

潘越, 宁博, 戴亦一. 2019. 宗姓认同与公司治理——基于同姓高管"认本家"情结的研究. 经济学 (季刊), 19 (1)：351 - 370.

彭镇, 戴亦一. 2015. 企业慈善捐赠与融资约束. 当代财经, 4：76 - 84.

齐丽云, 李腾飞, 郭亚楠. 2017. 企业社会责任对企业声誉影响的实证研究——基于战略选择的调节作用. 科研管理, 38 (7)：117 - 127.

权小锋, 吴世农, 尹洪英. 2015. 企业社会责任与股价崩盘风险: "价值利器" 或 "自利工具"? . 经济研究, 50 (11): 49 - 64.

山立威, 甘犁, 郑涛. 2008. 公司捐款与经济动机——汶川地震后中国上市公司捐款的实证研究. 经济研究, 43 (11): 51 - 61.

申宇, 赵静梅, 何欣. 2015. 校友关系网络、基金投资业绩与 "小圈子" 效应. 经济学 (季刊), 15 (1): 403 - 428.

王清刚, 李琼. 2015. 企业社会责任价值创造机理与实证检验——基于供应链视角 [J]. 宏观经济研究, 1: 116 - 127.

王如鹏. 2009. 简论圈子文化. 学术交流, 11: 128 - 132.

温素彬, 方苑. 2008. 企业社会责任与财务绩效关系的实证研究——利益相关者视角的面板数据分析. 中国工业经济, 10: 150 - 160.

吴宝. 2017. 从个体社会资本到集体社会资本——基于融资信任网络的经验证据. 社会学研究, 32 (1): 125 - 147.

吴永钢, 范若滢, 马亚明. 2016. 信任、融资约束与企业投资. 南开经济研究, 4: 71 - 84.

许浩然, 荆新. 2016. 社会关系网络与公司债务违约——基于中国 A 股上市公司的经验证据. 财贸经济, 9: 36 - 52.

徐莉萍, 辛宇, 祝继高. 2011. 媒体关注与上市公司社会责任之履行——基于汶川地震捐款的实证研究. 管理世界, 3: 135 - 143.

徐尚昆, 杨汝岱. 2009. 中国企业社会责任及其对企业社会资本影响的实证研究. 中国软科学, 11: 119 - 128.

严若森, 周燃. 2021. 外地 CEO 与企业创新投入: 文化的影响. 经济管理, 43 (2): 139 - 156.

游家兴, 刘淳. 2011. 嵌入性视角下的企业家社会资本与权益资本成本——来自我国民营上市公司的经验证据. 中国工业经济, 6: 109 - 119.

俞鸿琳. 2013. 关系网络、商业信用融资与民营企业成长. 经济科学, 4: 116 - 128.

俞俊利, 金鑫, 梁上坤. 2018. 高管地缘关系的治理效应研究: 基于内部控制质量的考察. 会计研究, 6: 78 - 85.

张广玲, 易澄, 胡琴芳. 2015. 企业社会责任行为与渠道冲突: 社会网络资源的中介作用. 华东经济管理, 29 (4): 1 - 9.

张敏, 马黎珺, 张雯. 2013. 企业慈善捐赠的政企纽带效应——基于我国上市公司的经验证据. 管理世界, 7: 163 - 171.

张倩, 何姝霖, 时小贺. 2015. 企业社会责任对员工组织认同的影响——基于 CSR 归因调节的中介作用模型. 管理评论, 27 (2): 111 - 119.

张正勇, 邓博夫. 2018. 企业社会责任、货币政策与商业信用融资. 科研管理, 39 (5): 94 - 102.

赵瑞. 2013. 企业社会资本、投资机会与投资效率. 宏观经济研究, 1: 65 - 72.

Allen, F., J. Qian & M. Qian. 2004. Law, finance, and economic growth in China. *Journal of Financial Economics*, 77 (1): 57 - 116.

Campbell, J. L. 2007. Why would corporations behave in socially responsible ways? An institutional theory of corporate social responsibility. *The Academy of Management Review*, 32 （3）：946 – 967.

Carter, C. R. & M. M. Jennings. 2002. Social responsibility and supply chain relationships. *Transportation Research Part E*, 38 （1）：37 – 52.

Chen, X. P. & C. C. Chen. 2004. On the intricacies of the Chinese Guanxi：A process model of Guanxi development. *Asia Pacific Journal of Management*, 21 （3）：305 – 324.

Fisman, R. & I. Love. 2003. Trade credit, financial intermediary development, and industry growth. *The Journal of Finance*, 58 （1）：353 – 374.

Flammer, C. 2018. Competing for government procurement contracts：The role of corporate social responsibility. *Strategic Management Journal*, 39 （5）：1299 – 1324.

Fry, L. W. , G. D. Keim & R. E. Meiners. 1982. Corporate contributions：Altruistic or for-profit？. *The Academy of Management Journal*, 25 （1）：94 – 106.

Henriques, I. & P. Sadorsky. 1999. The relationship between environmental commitment and managerial perceptions of stakeholder importance. *The Academy of Management Journal*, 42 （1）：87 – 99.

Jones, T. M. 1995. Instrumental stakeholder theory：A synthesis of ethics and economics. *The Academy of Management Review*, 20 （2）：404 – 437.

Jones, T. M. & A. C. Wicks. 1999. Convergent stakeholder theory. *The Academy of Management Review*, 24 （2）：206 – 221.

Noble, G. 2008. Motivations and forms of corporate giving behaviour：Insights from Australia. *International Journal of Nonprofit and Voluntary Sector Marketing*, 13 （4）：315 – 325.

Ohreen, D. E. & R. A. Petry. 2012. Imperfect duties and corporate philanthropy：A Kantian approach. *Journal of Business Ethics*, 106 （3）：367 – 381.

Wiggenhorn, J. , S. Pissaris & K. C. Gleason. 2016. Powerful CEOs and employee relations：Evidence from corporate social responsibility indicators. *Journal of Economics and Finance*, 40 （1）：85 – 104.

Wulfson, M. 2001. The ethics of corporate social responsibility and philanthropic ventures. *Journal of Business Ethics*, 29 （1 – 2）：135 – 145.

Zhang, Y. & Z. Zhang. 2006. Guanxi and organizational dynamics in China：A link between individual and organizational levels. *Journal of Business Ethics*, 67 （4）：375 – 392.

Executive's Geographical Relationship and Corporate Social Responsibility

Jianqiu Liu , Pujun Liu

Abstract: Based on the data of non-financial companies listed in A-share market from 2009 to 2018, this paper empirically tests the influence of the geographical relationship between the executive's birthplace and the company's location on corporate social responsibility (CSR). The study finds that there is a significant negative correlation between the executive's geographical relationship and the degree of CSR performance, which indicates that the executive with low geographical relationship will make up for the shortage of social resources by making the enterprise take on more social responsibility. Through the grouping regression of samples, we find that the relationship between corporate social responsibility (CSR) and low-level geographical relationship is more significant among non-state-owned enterprises, high-marketization enterprises, and low-trust enterprises. Further research shows that the enterprises with low-level geographical relationship can improve their ability to obtain commercial credit resources, promote their innovation, and finally enhance their value. The research in this paper is helpful to understand the internal logic of the influence of executive geographical relationship on corporate social responsibility and complements the research on the informal institutional economic consequence and its mechanism of executive geography.

Keywords: Corporate Social Responsibility; Executive's Geographical Relationship; Resource Acquisition; Corporate Value

第 20 卷，第 2 辑，2021 年
Vol. 20，No. 2，2021

会 计 论 坛
Accounting Forum

高管晋升锦标赛激励与企业
全要素生产率*

张横峰　　黄灵红

【摘　要】全要素生产率上升是实现高质量发展的动力，如何提高全要素生产率成为企业治理的关键问题。基于此，本文利用 2010～2019 年中国 A 股制造业上市公司数据，以薪酬差距度量高管晋升锦标赛激励，将企业全要素生产率作为高管业绩指标，探索高管晋升锦标赛激励机制对企业全要素生产率的影响。研究发现，高管晋升锦标赛激励有利于提高企业全要素生产率。进一步研究发现，在企业高管晋升概率越高的情况下，锦标赛激励效应越明显，对全要素生产率提高的作用越显著；内部晋升的高管比外部聘用的高管更能彰显锦标赛激励的作用，越能促进企业全要素生产率的提高。在内生性和稳健性检验之后，该结论依然成立。本文研究拓展了高管晋升锦标赛激励的治理效应研究，对提升企业全要素生产率与实现高质量发展具有重要意义。

【关键词】高管晋升；全要素生产率；企业治理

收稿日期：2021 - 04 - 26

基金项目：国家社科基金青年项目（16CGL014）；江西省文化艺术科学基金青年项目（YG2018160）；江西省高校人文社会科学基金青年项目（GL19241）

作者简介：张横峰，男，南昌大学中国中部经济社会发展研究中心研究员，南昌大学经济管理学院副教授，zhanghengfeng@ ncu. edu. cn；黄灵红，女，南昌大学经济管理学院硕士研究生。

* 作者感谢匿名审稿人对本文的宝贵意见，但文责自负。

一、引言

改革开放 40 余年来，我国依托劳动力、资本等要素资源投入实现了 GDP 以年均 9.5% 的增长速度增长，制造业的全球比重排名由第九跃居第一。① 随着步入工业化中后期，我国是否可以继续依托人力等资源优势实现经济发展？之后经济增长的动力来源于何处？在人口红利逐渐消失的形势下，我国应该将经济增长由依靠劳动力优势转到依靠全要素生产率，特别是与技术进步有关的生产率提升上（蔡昉，2013）。全要素生产率（Total Factor Productivity，TFP）相较于单要素生产率更全面地考虑到各种投入要素对企业产出的贡献，反映企业的效率（吴静桦、王靖茹和刘建秋等，2021；盛明泉、陈一玲和鲍群，2021）。党的十九大明确提出对全要素生产率的要求，以期实现我国高质量发展的目标。目前我国已由追求高速增长转变为追求高质量发展，实现高质量发展成为重中之重。全要素生产率上升是国民经济增长的主要推动力，很大程度上能够解释各国经济长期增长的绩效，是实现高质量发展的动力。企业是市场主体，制造业企业的发展水平更是直接反映了一国经济的发展水平。Moshe（1985）指出，度量生产率是一种评估行业或单个公司使用实际资源生产商品和服务的绩效的尝试。因而，实现高质量发展需要制造业企业不断优化要素资源的配置，提高要素投入的最终产出效率。

近年来，学者对全要素生产率的研究更多地集中在其影响因素方面。在宏观层面，如分析产业集聚对全要素生产率的正面影响（范剑勇、冯猛和李方文，2014）；研究政府补贴在缓解融资约束与促进全要素生产率增长方面所发挥的积极作用（任曙明和吕镯，2014）。在微观层面，探索企业内部财务结构、知识资本等因素对全要素生产率的影响（Uras，2014；程惠芳和陆嘉俊，2014；程晨和王萌萌，2016）。锦标赛理论由 Lazear 和 Rosen（1981）提出，他们认为根据工人在公司中的相对职位来奖励工人的系统可以在工人中引起很高程度的努力，鼓励工人付出努力以得到晋升和增加收入。而基于"公平"考虑的行为理论则强调，压缩工资差距会增强劳动力之间的凝聚力，不利于提高企业绩效水平（Akerlof and Yellen，1988）。还有部分学者认为薪酬差距与企业绩效之间不是简单的线性关系（高良谋和卢建词，2015；柴才、黄世忠和叶钦华，2017）。后期学者将高管晋升锦标赛激励运用于其他方面的研究，如企业技术创新（赵奇锋和王永中，2019）、企业社会责任（章琳一，2019）等。

尽管现有文献对全要素生产率进行了较为全面的研究，但是鲜有文献涉猎高管晋升锦标赛激励与企业全要素生产率之间的关系。高管作为企业内部治理结构中的管理

---

① 数据来源于国家统计局改革开放 40 年经济社会发展成就系列报告。

层，拥有良好的职位和薪酬待遇，薪酬差距是高管之间不同职位最直接的表现形式，设置一定的薪酬差距有利于激励成员为追求职位晋升以及较高薪酬而努力完成企业目标，提高企业绩效（Leonard，1990）。企业绩效的提高反映了企业全要素生产率的提升。因此，本文基于锦标赛理论，利用 2010～2019 年中国 A 股制造业上市公司数据，研究高管晋升锦标赛激励对企业全要素生产率的影响，发现在其他条件不变的情况下，高管薪酬差距与企业全要素生产率之间存在显著的正相关关系。然而实际中，企业全要素生产率的提高不仅会受到高管薪酬差距的影响，还可能受到高管晋升概率与晋升来源的影响。因此，本文以高管晋升概率与高管继任来源作为调节变量进一步研究得出：在企业高管晋升概率越高的情况下，锦标赛激励效应越明显，高管晋升锦标赛激励对企业全要素生产率提高的作用越显著；且内部晋升比外部聘用更能彰显锦标赛激励的作用，更能促进企业全要素生产率的提高。

本文有以下研究贡献：一是丰富了企业全要素生产率影响因素方面的研究，基于锦标赛理论，从高管晋升锦标赛激励对企业全要素生产率的影响机制视角探讨得出高管晋升锦标赛激励机制可以提高企业全要素生产率，为如何提高企业全要素生产率提供了一条新的思路；二是拓展了高管晋升锦标赛激励机制的作用领域，将高管晋升锦标赛激励机制与全要素生产率结合，可为上市企业在高管晋升概率与继任来源的不同情景下如何利用晋升锦标赛激励机制提供直接的理论依据与实践建议。

二、理论综述与假设提出

企业全要素生产率表明，企业的生产效率会受到产业结构、产业集聚外部性等企业外部因素的影响（李平，2016；钟廷勇、国胜铁和杨珂，2015）。程晨（2017）发现技术创新有助于提高全要素生产率，但是在我国知识产权保护机制不完善的情况下，技术创新的溢出效应抑制企业自主创新，从而降低了企业全要素生产率。此外，企业资源得到合理且有效的配置，也可以提高企业全要素生产率（龚关和胡关亮，2013；易明和吴婷，2021）。现有文献对全要素生产率的影响因素已经进行了较为全面的研究，但本文立足于锦标赛理论研究高管晋升锦标赛激励对企业全要素生产率的影响。锦标赛理论认为，和职位晋升相联系的薪酬差距会影响成员的积极性（Lazear and Rosen，1981）。高管团队的薪酬差距会对高管起到激励作用，有利于提高企业高管人力资本的质量，从而提高企业全要素生产率（Mahy，Rycx and Volral，2011；盛明泉、张娅楠和蒋世战，2019）。

本文认为，高管晋升锦标赛激励机制主要通过激励高管提高企业绩效的路径作用于企业全要素生产率。高管晋升锦标赛激励通过提高薪酬的方式对高管工作进行绩效奖励。当某位高管的工作绩效在所有高管中名列前茅时，则该高管是晋升机制中的胜利者，可以获得与之相对应的高薪酬待遇；相反，当某位高管的工作绩效排名处于末端时，他不仅无法获得晋升带来的高薪酬待遇，而且可能失去原有职位和薪酬待遇。高管薪酬差距越大，越能激励高管参与晋升锦标赛，为成为胜利者而努力提升业绩，实现企业绩效的提高（Leonard，1990；林浚清、黄祖辉和孙永祥，2003）。还有一些学者研究高管薪酬对企业技术创新的影响。赵奇锋和王永中（2019）发现企业内部薪酬激励机制对高管技术创新行为具有正面影响。低级别高管与CEO薪酬差距越大，企业创新产出越高（张蕊、王洋洋和廖佳，2020）。技术创新是企业创新的重要表现，是企业全要素生产率的关键指标，创新的技术可以提高企业全要素生产率。高管是企业高层次的人力资本，本身就有较高的能力，薪酬差距可以激励高管团队进一步提高经营管理能力，从而提高企业业绩，实现企业全要素生产率的提高。

上述文献均论证了高管晋升锦标赛激励机制的作用。基于以上理论分析，本文认为可以通过薪酬差距激励高管团队努力工作，发挥人力资本的作用，改善企业内部治理，减少代理问题，提高企业绩效；提高企业技术创新水平，实现企业创新，促进全要素生产率的提高。因此，本文提出假设：

H1　在其他条件不变的情况下，高管晋升锦标赛激励促进了企业全要素生产率的提高。

高管对晋升机会的感知会影响晋升锦标赛激励效应。除了高管的经营管理能力外，高管的努力程度也是公司业绩的重要影响因素，在高管晋升概率较高的企业，每一位高管都有较高的晋升可能性，他们会更有动力、更加努力地完成公司的业绩，从而获得晋升奖励；而如果高管得知晋升可能性低甚至没有晋升机会，则高管容易产生消极怠工的情绪，可能不会积极主动地参与晋升锦标赛，从而影响企业业绩的完成，此时晋升锦标赛激励的作用会大打折扣。龚玉池（2001）认为，在短期内高管的变更对改善公司绩效是有效的，即高管变更有利于提高企业短期绩效。张蕊、王洋洋和廖佳（2020）研究发现，在关键下属高管晋升CEO的机会较多时，关键下属高管与CEO的薪酬差距对企业创新具有激励效应。

相对于高管的内部薪酬差距而言，企业高管非正常变更[①]不仅是一种激励机制，同时也是一种监督机制。当企业经营情况较差，特别是因在任总裁、经理管理不善而导致企业经营面临较大亏损，却仍选择不变更如总裁、经理级别的高管时，低级别的高管便可预知到自己晋升的机会渺茫，此时企业将面临更大的困境——在任的

---

① 本文将非退休、非任期届满、健康原因、完善治理结构、涉案导致高管变更定义为高管非正常变更。

总裁、经理没有能力改善企业的经营状况，同时低级别的高管也因为晋升概率低而没有足够的动力努力工作，企业的经营业绩下降，进而企业全要素生产率降低。在因企业经营业绩下滑而发生高管强制变更的情形下，变更概率越大，企业的经营业绩越显著地提高（Wilkes，2014；史金艳、郭思岑和张启望等，2019）。基于此，本文认为低级别高管对晋升机会的感知会影响企业高管晋升锦标赛激励的效应，故提出假设：

H2 在其他条件不变的情况下，高管晋升概率的提高可以增强锦标赛激励对全要素生产率的促进作用。

高管晋升锦标赛的激励效应除了会受到企业内部晋升概率的影响外，还会受到继任者来源的影响。如果在企业高管变更时选拔的是企业内部培养的员工，则更能发挥企业内部晋升锦标赛激励的作用。与外部空降高管相比，内部培养的高管由于在本企业经过长期的培养，工作能力一般也不亚于外部空降的高管，而且对本企业的文化非常熟悉且认可度更高、归属感更强，因而他们的决策效率和执行效率更高，有利于增强企业内部晋升锦标赛激励的有效性，从而有助于提高企业的全要素生产率。对于这个问题，国内外不少学者进行了相关研究。比如，Kale、Reis 和 Venkateswaran（2010）研究发现与新任 CEO 是局外人相比，新任 CEO 为内部晋升人员时，锦标赛的激励效应明显增强；柯江林、张必武和孙健敏（2007）认为，与外部继任者相比，企业内部培养的人才继任与企业绩效存在显著的正相关关系；逯东、余渡和黄丹等（2020）从高管团队异质性角度考虑高管的选拔属性，认为重视内部培养高管人才，不仅有助于建立更有效的创新激励合约和降低代理成本，还可以打造企业的人才梯队，发挥企业高管晋升激励效应。

相较于外部聘用而言，内部晋升的高管熟悉本企业的发展特点，从而可以更有效地接手经营。本文考虑的高管晋升目标主要是企业的董事长和总经理，当高管晋升者来源于企业内部，尤其是总经理职位的继任者来源于企业内部培养的人才时，晋升锦标赛激励效应更显著。这是因为，内部培养的高管被企业内部的人员熟知，他晋升为总经理在一定程度上可以降低因信息不对称而导致的代理成本，促使他努力工作，提高企业绩效，从而提高企业的全要素生产率。因此，本文提出假设：

H3 在其他条件不变的情况下，内部晋升的高管有利于增强锦标赛激励对全要素生产率的促进作用。

三、研究设计

（一）样本的选择

本文主要从 WIND 和 CSMAR 数据库中选取 2010～2019 年沪深 A 股制造业上市企业为样本，剔除以下样本：（1）数据严重缺失、异常以及资产负债率大于100%的上市企业；（2）ST、＊ST 企业。同时对连续变量进行 Winsorize 处理，最终获取 12686 个有效样本。

（二）变量的选择与定义

1. 被解释变量

全要素生产率是企业的投入产出效率。本文根据 Levinsohn 和 Petrin（2003）的研究思路，参考鲁晓东和连玉君（2012）衡量全要素生产率的方法，估计企业的全要素生产率水平：

$$\ln Y_t = \beta_0 + \beta_k \ln K_t + \beta_l \ln L_t + \beta_m \ln M_t + \omega_t + \varepsilon_t \tag{1}$$

其中，Y_t 表示企业的营业收入额；K_t 和 L_t 分别表示企业的固定资产净额和员工人数；M_t 为企业购入商品和劳务的金额；ω_t 为企业全要素生产率。

2. 解释变量

高管晋升锦标赛激励：本文以高管薪酬差距（Gap）来度量。借鉴杨志强和王华（2014）的研究，本文用董事、监事和高管前三名薪酬与其他高管薪酬绝对差的自然对数衡量高管薪酬差距。

3. 调节变量

高管晋升概率：借鉴章琳一（2019）对高管晋升概率的测量方式，结合龚玉池（2001）对高管非正常变更的度量，本文采用 CEO 非正常变更次数来度量高管晋升概率，其中 CEO 为企业总裁和总经理级别的高管。

高管继任来源：本文借鉴 Kale、Reis 和 Venkateswaran（2010）将高管继任者划分为局内人和局外人的方式，将其划分为外部聘用和内部晋升两类。

4. 控制变量

为了更准确地研究高管薪酬差距对全要素生产率的影响，本文借鉴程晨和王萌萌（2016）以及盛明泉、张娅楠和蒋世战（2019）的方式，控制了以下因素。

产权性质（Soe），若企业是国有企业则赋值为 1，否则为 0。国企和非国企在经营管理等方面存在差异，在其他条件不变的情况下，高管晋升锦标赛激励效应不一样，对全要素生产率的影响程度也会不一样。

盈利能力（Roa），用资产收益率度量。盈利能力越强一定程度上反映企业经济状况越好，全要素生产率越高。

资产负债率（Lev），用期末负债总额与资产总额的比率度量。该指标越大，表明企业财务风险越大，在这种情况下，企业经营生产效率会受到影响。

企业规模（Size），用期末资产总额的自然对数值度量。由于规模经济效应，企业规模越大，企业生产要素配置越有效率，从而企业全要素生产率越高。

企业年龄（Age），用企业上市年限的自然对数值衡量。企业年龄越大，企业存续和竞争能力越强，越有助于提高全要素生产率（盛明泉、张娅楠和蒋世战，2019）。

企业成长性（Growth），用营业收入增长率度量。成长性越好的企业，未来发展空间越大，越有可能发生技术创新，全要素生产率越有可能提高。

第一大股东持股比例（Block），用第一大股东持股数量/企业发行在外的全部股份数量度量。

同时，本文还控制了年度（Year）和地区（Reg）的影响。

表 1 列示了主要变量的定义。

表 1　变量定义

变量类型	变量名称	变量符号	变量度量
被解释变量	全要素生产率	TFP	前文所述
解释变量	高管薪酬差距	Gap	董事、监事和高管前三名薪酬与其他高管薪酬绝对差的自然对数
调节变量	高管晋升概率	Turnover	CEO 非正常变更次数
	高管继任来源	From	外部聘用和内部晋升
控制变量	产权性质	Soe	公司是国有企业赋值为 1，否则赋值为 0
	盈利能力	Roa	资产收益率
	资产负债率	Lev	期末负债总额与资产总额的比率
	企业规模	Size	期末资产总额取自然对数
	企业年龄	Age	企业上市年限的自然对数
	企业成长性	Growth	营业收入增长率
	第一大股东持股比例	Block	第一大股东持股数量/企业发行在外的全部股份数量
	地区	Reg	虚拟变量
	年度	Year	虚拟变量

（三）回归模型

为了检验本文提出的研究假设，构建如下多元线性回归模型。

（1）高管晋升锦标赛激励与全要素生产率模型。针对本文假设 H1，即检验高管晋升锦标赛激励与企业全要素生产率之间的相关关系，构建模型：

$$TFP = \beta_0 + \beta_1 Gap + \sum Controls + \sum Reg + \sum Year + \varepsilon \tag{2}$$

根据假设 H1，β_1 应显著为正。

（2）高管晋升概率、高管晋升锦标赛激励与全要素生产率模型。为检验假设 H2，在模型（2）的基础上，加入高管晋升概率及其与高管晋升锦标赛激励的交互项：

$$TFP = \beta_0 + \beta_1 Gap + \beta_2 Turnover + \beta_3 Gap \times Turnover + \sum Controls + \sum Reg + \sum Year + \varepsilon \quad (3)$$

（3）高管继任来源、高管晋升锦标赛激励与全要素生产率模型。为检验高管继任来源对高管晋升锦标赛激励与全要素生产率关系的影响，本文进行分组回归，构建模型：

$$TFP_i = \beta_0 + \beta_1 Gap_i + \sum Controls + \sum Reg + \sum Year + \varepsilon \quad (4)$$

其中 $i = 0$ 和 1，分别对应于内部晋升和外部聘用。

四、实证分析

（一）描述性统计

表 2 报告了主要变量的描述性统计结果。从表 2 中可以看出，全要素生产率（TFP）的最大值为 18.398，最小值为 13.764，平均值为 15.824，标准差为 0.960，数据说明样本企业间的全要素生产率差异较大。高管薪酬差距（Gap）的最大值为 15.077，最小值为 11.174，由于数据经过了取自然对数处理，实际差别更大。

表 2 主要变量的描述性统计

变量	均值	标准差	中位数	最小值	最大值
TFP	15.824	0.960	15.741	13.764	18.398
Gap	12.958	0.755	12.920	11.174	15.077
Soe	0.347	0.476	0.000	0.000	1.000
Lev	0.402	0.201	0.393	0.047	0.908
Growth	0.147	0.279	0.113	−0.464	1.347
Roa	0.046	0.060	0.041	−0.169	0.230
Block	0.341	0.143	0.321	0.088	0.730
Age	2.188	0.757	2.298	−0.031	3.264
Size	22.039	1.183	21.899	19.754	25.520

表 3 报告了对模型中各变量进行 Pearson 相关性分析的结果。由表 3 可知，高管薪酬差距（Gap）和全要素生产率（TFP）的相关系数为 0.414 且在 1% 的水平上显著，初步表明高管薪酬差距与全要素生产率显著正相关。企业规模（Size）与全要素生产率（TFP）的相关系数在 1% 的水平上显著为正，说明规模越大的企业全要素生产率越高。

表 3　Pearson 相关系数检验

变量	TFP	Gap	Soe	Growth	Lev	Size	Age	Roa	Block
TFP	1								
Gap	0.414***	1							
Soe	0.309***	-0.026***	1						
Growth	0.072***	0.034***	-0.097***	1					
Lev	0.457***	0.040***	0.326***	-0.003	1				
Size	0.841***	0.421***	0.314***	0.005	0.479***	1			
Age	0.384***	0.187***	0.484***	-0.149***	0.389***	0.431***	1		
Roa	0.109***	0.214***	-0.139***	0.301***	-0.371***	-0.022**	-0.239***	1	
Block	0.170***	-0.037***	0.136***	-0.021**	0.034***	0.119***	-0.134***	0.130***	1

注：***、** 分别表示在 1%、5% 的水平上显著。

（二）回归结果

表 4 所示为控制了公司固定效应之后高管薪酬差距与企业全要素生产率关系的回归结果。第（1）列和第（2）列中 Gap 的回归系数均为正数，分别为 0.094 和 0.065，且都在 1% 的水平上显著。上述回归结果说明高管晋升锦标赛激励与企业全要素生产率呈正相关关系，表明高管之间的薪酬差距有利于激励高管努力提高工作绩效，从而提高企业全要素生产率，假设 H1 得证。

表 4　高管薪酬差距与全要素生产率的回归结果

变量	（1）	（2）
Gap	0.094***	0.065***
	(9.210)	(6.134)
Soe	0.056***	0.064***
	(4.452)	(4.642)
Growth	0.201***	0.215***
	(4.321)	(4.131)
Lev	0.290***	0.299***
	(4.673)	(4.842)
Size	0.492***	0.480***
	(12.222)	(12.417)
Age	0.048***	0.012
	(3.464)	(0.682)

变量	(1)	(2)
Roa	1.675***	1.653***
	(6.826)	(6.835)
Block	-0.030	-0.013
	(-0.293)	(-0.128)
Constant	1.439***	1.578***
	(9.908)	(10.221)
年度	未控制	控制
地区	未控制	控制
样本量(个)	12686	12686
调整 R²	0.615	0.634

注：括号内为 t 值；*、**、***分别代表在 10%、5%、1%的水平上显著，下文同。

(三)高管不同晋升概率情况下的高管晋升锦标赛激励与全要素生产率

本文进一步考虑高管晋升概率对高管晋升锦标赛激励与全要素生产率关系的调节作用，在控制了公司固定效应之后的回归结果见表5。从回归结果来看，高管晋升概率与高管薪酬差距的交互项系数在 5%的水平上显著为正，说明高管变更加强了高管晋升锦标赛激励对全要素生产率的促进作用，从而假设 H2 得到验证。回归结果表明，高管变更次数越多，低级别高管对自己晋升的机会感知越强，越能激励低级别高管勤勉尽责以获得晋升奖励，更有助于提高企业全要素生产率，高管晋升锦标赛的激励作用得以强化。

表 5　高管晋升概率的调节效应回归结果

变量	系数
Gap	0.066***
	(6.143)
Turnover	0.045
	(0.506)
Turnover × Gap	0.013**
	(2.411)
Soe	0.021***
	(3.432)
Growth	0.215***
	(4.148)
Lev	0.298***
	(4.796)

续表

变量	系数
Size	0.480 ***
	(11.426)
Age	0.012
	(0.673)
Roa	1.656 ***
	(6.856)
Block	− 0.011
	(− 0.109)
Constant	4.057 ***
	(10.188)
年度	控制
地区	控制
样本量(个)	12686
调整 R^2	0.634

（四）高管不同继任来源情况下的高管晋升锦标赛激励与全要素生产率

本文对 CEO 继任的样本进行分组，按继任的职位不同划分为董事长继任和总经理继任，并按照继任来源不同进一步划分为内部晋升和外部聘用样本。表 6 中第（1）列和第（2）列是控制了公司固定效应之后对董事长继任样本进行分组回归的结果，当继任的董事长来自企业内部时，*Gap* 的回归系数在 1% 的水平上显著为正；第（3）列和第（4）列是对总经理继任样本进行分组回归的结果，当继任的总经理来源于企业内部时，*Gap* 的回归系数在 1% 的水平上显著为正，即当继任者来源于企业内部时，高管薪酬差距对企业全要素生产率的促进作用更明显。

表 6　董事长和总经理继任来源的调节效应回归结果

变量	董事长继任		总经理继任	
	（1）内部晋升	（2）外部聘用	（3）内部晋升	（4）外部聘用
Gap	0.098 ***	0.126	0.245 ***	0.036
	(4.056)	(1.480)	(5.110)	(1.241)
Soe	0.061	0.065	0.078 **	0.112 **
	(1.606)	(0.888)	(2.206)	(2.114)
Growth	0.288 ***	0.321 **	0.140 *	0.215 ***
	(3.532)	(2.164)	(1.823)	(3.460)
Lev	0.434 ***	− 0.680	0.100	0.373 **
	(2.672)	(− 1.592)	(0.299)	(2.305)

变量	董事长继任		总经理继任	
	（1）内部晋升	（2）外部聘用	（3）内部晋升	（4）外部聘用
Size	0.554 ***	0.524 ***	0.645 ***	0.460 ***
	（9.853）	（6.742）	（14.994）	（10.101）
Age	−0.096	0.303	−0.093	−0.041
	（−1.562）	（0.829）	（−0.614）	（−0.896）
Roa	0.679 *	0.525	0.496	1.750 ***
	（1.730）	（0.556）	（1.049）	（4.084）
Block	0.106	0.074	0.612	0.086
	（0.436）	（0.152）	（1.064）	（0.293）
Constant	2.161 *	2.264	−1.427	5.021 ***
	（1.747）	（1.290）	（−1.140）	（5.003）
P 值	0.19		0.01 ***	
年度	控制	控制	控制	控制
地区	控制	控制	控制	控制
样本量（个）	1126	545	1582	704
调整 R²	0.620	0.587	0.647	0.598

（五）内生性检验和稳健性检验

1. 内生性检验

鉴于可能有由于本文中的高管薪酬差距与全要素生产率之间互为因果或者样本选择偏差而导致的内生性问题，本文首先引入工具变量——高管薪酬差距滞后一期，进行 2SLS 回归分析以解决互为因果带来的内生性问题，结果见表 7 中的第（1）列和第（2）列，*Gap* 的系数在 1% 的水平上显著为正，符合假设。其次选择用 Heckman 两阶段模型来检验。参考葛伟和高明华（2013）的研究，构建模型（5）作为第一阶段模型。其中，被解释变量是高管薪酬差距的哑变量，记为 *YGap*，若 *Gap* 缺失则取 0，否则取 1。解释变量包括：企业规模（*Size*）；第一大股东持股比例（*Block*）；市场化程度（*Market*），采用樊纲等的市场化指数衡量，并按照前三年均值对 2017～2019 年的市场化指数做预测；产权性质（*Soe*）。

$$YGap = \beta_0 + \beta_1 Size + \beta_2 Block + \beta_3 Market + \beta_4 Soe + \varepsilon \tag{5}$$

将回归得到的逆米尔斯比率（*IMR*）加入回归模型中重新进行回归，检验结果如表 7 中第（3）列和第（4）列所示。在控制 *IMR* 的基础上，*Gap* 的系数在 1% 的水平上显著为正，符合预期。

表7　内生性检验和稳健性检验结果

变量	内生性检验				稳健性检验
	2SLS 回归结果		Heckman 两阶段回归结果		
	(1)	(2)	(3)	(4)	(5)
	Gap	TFP	YGap	TFP	TFP_OP
L. Gap	0.764 ***				
	(11.543)				
Gap		0.081 ***		0.078 ***	0.008 ***
		(8.653)		(7.650)	(5.746)
Market			0.075 *		
			(1.877)		
Size	0.032 ***	0.476 ***	−0.062	0.611 ***	0.026 ***
	(9.644)	(12.438)	(0.944)	(13.609)	(18.679)
Soe	−0.031 ***	0.086 ***	−0.389 ***	0.060 ***	0.013 ***
	(−4.743)	(7.694)	(−3.348)	(3.776)	(5.649)
Block	−0.077 ***	0.504 ***	−1.267 ***	0.401 ***	0.021 ***
	(−3.385)	(9.295)	(−3.550)	(4.759)	(6.527)
IMR				3.569 ***	
				(3.547)	
Growth	0.088 ***	0.116 ***		−0.011	0.014 ***
	(5.686)	(5.866)		(−1.243)	(5.879)
Lev	0.015	0.607 ***		0.533 ***	−0.005 *
	(0.716)	(12.437)		(9.681)	(−1.734)
Age	0.023 ***	0.096 ***		0.065 ***	0.003 ***
	(3.747)	(8.446)		(6.885)	(2.895)
Roa	0.667 ***	2.273 ***		1.568 ***	0.291 ***
	(10.178)	(14.505)		(9.692)	(10.477)
Constant	1.525 ***	1.583 ***	1.649	1.096 ***	1.075 ***
	(14.758)	(9.368)	(1.187)	(6.357)	(7.296)
年度	控制	控制	控制	控制	控制
地区	控制	控制	控制	控制	控制
样本量(个)	11355	11355	12717	12686	12686
调整 R^2	0.714	0.743	0.635	0.675	0.472

2. 稳健性检验

　　由于衡量企业全要素生产率的方式有多种，不同的衡量方式可能会导致不一样的结果。因而需要验证上述回归结果的可靠性，本文更换被解释变量全要素生产率的衡量指标，采用 OP 方法衡量，在控制了公司固定效应之后的回归结果见表7中的第（5）列。可知 Gap 的回归系数在1%的水平上显著为正，与前文回归结果一致，表明本文的实证结果具有可靠性。

五、结论与建议

本文利用 2010~2019 年共计 12686 个样本数据，通过实证分析检验高管晋升锦标赛激励对全要素生产率的影响，得出以下结论。（1）高管薪酬差距与全要素生产率显著正相关，说明高管晋升锦标赛激励促进了企业全要素生产率的提升。（2）调节效应回归结果表明，高管的晋升概率会影响晋升锦标赛激励效应，在晋升概率越高的情况下，晋升锦标赛激励对企业全要素生产率提高的作用越明显。（3）在发生高管变更后，继任者的来源不同也会对晋升锦标赛激励效应产生影响。与继任者来源于外部聘用相比，内部继任者，尤其当总经理是由企业内部晋升的时，更能发挥晋升锦标赛激励机制的作用，提高企业全要素生产率。

全要素生产率是衡量企业生产效率的一个非常重要的指标，是企业实现高质量发展的源泉；而高管是企业内部一项非常重要的人力资源，如何充分激发高管人才资源的作用是企业应该关注的一个问题。上述研究结论对制造业上市企业合理利用高管内部的薪酬差距充分发挥高管晋升锦标赛激励机制的作用，以及将该激励机制运用于提高企业全要素生产率具有实践意义。

第一，企业应该合理拉大高管之间的薪酬差距，充分发挥高管晋升锦标赛激励机制的作用，从而提高全要素生产率。企业如果要在市场中提高自身的竞争力，实现高质量的发展，首先需要从内部治理着手。而高管作为企业的管理层，是企业内部治理重要的一环。薪酬差距是职位不同的高管之间最直接的表现形式，设置一定的薪酬差距有利于激励高管为追求职位晋升和较高薪酬而努力提高企业绩效，从而促进企业全要素生产率的提高。

第二，企业应该适当地提高高管晋升的概率，注重高管晋升锦标赛激励机制的有效性。不同的晋升概率下，高管对晋升机会的感知会直接影响锦标赛激励效应。只有让低级别高管明确预知到晋升的机会，他们才会主动参与晋升锦标赛。在此过程中，他们会不断提升自己的能力，投入更多的精力，努力满足企业绩效考核要求，从而促进企业全要素生产率的提高。同时，低级别高管积极参与晋升锦标赛对于当前在位的 CEO 而言无形中形成了监督机制和压力效应，有助于在位的 CEO 级别的高管更好地做好本职工作。

第三，企业应该注重对内部高管人才的培养，尤其需要建立总经理内部高管晋升激励机制。人力资源是企业的第一资源，特别是企业的高管人才资源。目前企业面临着人才培养跟不上跳槽速度的困境，这一困境警示企业不仅需要注重对内部人才的培养，还需要将内部人才培养机制与高管内部晋升激励机制结合起来，二者之间存在相互促进的关系。基于本文的研究结论，企业需要注重内部人才培养，为 CEO 级别的高管内部晋升储备优质人才资源，同时设立内部晋升激励机制以激励企业内部高管努力工作，提高企业绩效，从而提高企业全要素生产率。

参考文献

蔡昉 . 2013. 中国经济增长如何转向全要素生产率驱动型 . 中国社会科学，1：56 – 71 + 206.

柴才，黄世忠，叶钦华 . 2017. 竞争战略、高管薪酬激励与公司业绩——基于三种薪酬激励视角下的经验研究 . 会计研究，6：45 – 52 + 96.

程晨 . 2017. 技术创新溢出与企业全要素生产率——基于上市公司的实证研究 . 经济科学，6：72 – 86.

程晨，王萌萌 . 2016. 企业劳动力成本与全要素生产率——"倒逼"机制的考察 . 南开经济研究，3：118 – 132.

程惠芳，陆嘉俊 . 2014. 知识资本对工业企业全要素生产率影响的实证分析 . 经济研究，5：174 – 187.

范剑勇，冯猛，李方文 . 2014. 产业集聚与企业全要素生产率 . 世界经济，5：51 – 73.

高良谋，卢建词 . 2015. 内部薪酬差距的非对称激励效应研究——基于制造业企业数据的门限面板模型 . 中国工业经济，8：114 – 129.

葛伟，高明华 . 2013. 职位补偿、攀比效应与高管薪酬差距——以中国上市公司为例 . 经济经纬，1：94 – 98.

龚关，胡关亮 . 2013. 中国制造业资源配置效率与全要素生产率 . 经济研究，4：4 – 15 + 29.

龚玉池 . 2001. 公司绩效与高层更换 . 经济研究，10：75 – 82 + 96.

柯江林，张必武，孙健敏 . 2007. 上市公司总经理更换、高管团队重组与企业绩效改进 . 南开管理评论，4：104 – 112.

李平 . 2016. 提升全要素生产率的路径及影响因素——增长核算与前沿面分解视角的梳理分析 . 管理世界，9：1 – 11.

林浚清，黄祖辉，孙永祥 . 2003. 高管团队内薪酬差距、公司绩效和治理结构 . 经济研究，4：31 – 40 + 92.

逯东，余渡，黄丹，杨仁眉 . 2020. 内部培养与外部空降：谁更能促进企业创新 . 中国工业经济，10：157 – 174.

鲁晓东，连玉君 . 2012. 中国工业企业全要素生产率估计：1999 – 2007. 经济学（季刊），2：541 – 558.

任曙明，吕镯 . 2014. 融资约束、政府补贴与全要素生产率——来自中国装备制造企业的实证研究 . 管理世界，11：10 – 23 + 187.

盛明泉，陈一玲，鲍群 . 2021. 国企混合所有制改革对全要素生产率的影响、作用机制与异质性研究 . 经济纵横，7：47 – 56.

盛明泉，张娅楠，蒋世战 . 2019. 高管薪酬差距与企业全要素生产率 . 河北经贸大学学报，2：81 – 89.

史金艳，郭思岑，张启望，陈婷婷 . 2019. 高管薪酬、强制性变更与公司绩效 . 华东经济管理，2：
　　54 - 62.

吴静桦，王靖茹，刘建秋，王红建 . 2021. 贷款利率市场化改革与企业全要素生产率——来自贷款利
　　率上下限放开的微观证据 . 会计研究，4：145 - 156.

杨志强，王华 . 2014. 公司内部薪酬差距、股权集中度与盈余管理行为——基于高管团队内和高管与
　　员工之间薪酬的比较分析 . 会计研究，6：57 - 65.

易明，吴婷 . 2021. R&D 资源配置扭曲、TFP 与人力资本的纠偏作用 . 科学学研究，1：42 - 52.

章琳一 . 2019. 高管晋升锦标赛激励与企业社会责任：来自上市公司的证据 . 当代财经，10：130 - 140.

张蕊，王洋洋，廖佳 . 2020. 关键下属高管晋升锦标赛的创新激励效应研究 . 会计研究，2：143 - 153.

赵奇锋，王永中 . 2019. 薪酬差距、发明家晋升与企业技术创新 . 世界经济，7：94 - 119.

钟廷勇，国胜铁，杨珂 . 2015. 产业集聚外部性与我国文化产业全要素生产增长率 . 管理世界，7：
　　178 - 179.

Akerlof, G. A. & J. L. Yellen. 1988. Fairness and unemployment. *The American Economic Review*, 78
　　（2）：44 - 49.

Kale, J. R., E. Reis & A. Venkateswaran. 2010. Rank-order tournaments and incentive alignment：The
　　effect on firm performance. *The Journal of Finance*, 64（3）：1479 - 1512.

Lazear, E. P. & S. Rosen. 1981. Rank-order tournaments as optimum labor contracts. *Journal of Political
　　Economy*, 89（5）：841 - 864.

Leonard, J. S. 1990. Executive pay and firm performance. *Industrial & Labor Relations Review*, 43（3）：
　　13 - 29.

Levinsohn, J. & A. Petrin. 2003. Estimating production functions using inputs to control for unobservables.
　　Review of Economic Studies, 70（2）：317 - 342.

Mahy, B., F. Rycx & M. Volral. 2011. Does wage dispersion make all firms productive？. *Scottish
　　Journal of Political Economy*, 58（4）：455 - 489.

Moshe, K. 1985. Total factor productivity in bus transport. *Journal of Transport Economics and Policy*, 19
　　（2）：173 - 182.

Uras, B. R. 2014. Corporate financial structure, misallocation and total factor productivity. *Journal of
　　Banking and Finance*, 39（2）：177 - 191.

Wilkes, J. 2014. CEO turnover and changes in corporate performance in South Africa. *Quantitative
　　Research*, 10：124 - 140.

第 20 卷　第 2 辑　2021 年　会　计　论　坛

Tournament Motivation for Executives' Promotion and Total Factor Productivity

Hengfeng Zhang, Linghong Huang

Abstract: The increasement of total factor productivity is the driving force to achieve high-quality development. So how to improve total factor productivity has become the key issue of corporate governance. Based on that, this paper uses the data of China A-share listed manufacturing companies from 2010 to 2019 to measure the tournament motivation for executives' promotion by salary gap. The paper takes the enterprise total factor productivity as the performance index of executives, and explores the influence of tournament motivation mechanism for executives' promotion on the total factor productivity of enterprises. The results show that: the tournament motivation for executives promotion is beneficial to improve the total factor productivity of enterprises. Further research finds that: the higher the promotion probability of executives, the more obvious the effect of tournament motivation, the more significant the effect on the total factor productivity; the more obvious the internal promotion can show the role of tournament motivation than external employment, the more can promote the increasement of total factor productivity. After the test of endogenesis and robustness, the conclusion is still valid. The research of this paper expands the governance effect researches of the tournament motivation for executives' promotion, which is of great significance to the promotion of the total factor productivity and the realization of high-quality development.

Keywords: Executive Promotion; Total Factor Productivity; Corporate Governance

第 20 卷，第 2 辑，2021 年
Vol. 20, No. 2, 2021

会 计 论 坛

Accounting Forum

精准扶贫与企业投资效率*

黄　宇　　黄晓蓓　　宋云玲　　吕佳宁

【摘　要】广泛动员以企业为代表的社会力量参与精准扶贫是新形势下我国脱贫攻坚战略的重要特色。本文以 2016～2017 年我国 A 股上市公司在年报与社会责任报告中公开披露的精准扶贫信息为研究对象，分析精准扶贫对企业投资效率的影响。研究发现，精准扶贫可以显著增加扶贫企业的投资机会与信贷资源，但是在脱贫压力较小、政府干预程度较低的地区，投资机会的增加会引发过度投资，进而降低地方国有企业的投资效率。不过，精准扶贫并不会显著降低企业的会计业绩，对扶贫企业的市场价值反而有促进作用。本文从微观视角探讨了企业如何服务于公共利益，以及该活动对企业投资效率的影响，研究结论有助于总结现阶段企业扶贫经验，为进一步推进企业可持续扶贫提供有力借鉴。

【关键词】精准扶贫；投资效率；政企互惠；政府干预

一、引言

党的十八大以来，以习近平总书记提出精准扶贫、精准脱贫为标志，我国扶贫工

收稿日期：2021 – 02 – 23
基金项目：国家自然科学基金项目（71602004）；北京市社会科学基金项目（19GLC059）
作者简介：黄宇，男，东北财经大学会计系博士研究生；黄晓蓓（通讯作者），女，北方工业大学会计系副教授，hberyl@163.com；宋云玲，女，内蒙古大学会计系副教授；吕佳宁，女，首都经济贸易大学会计系博士研究生。
* 作者感谢匿名审稿人对本文的宝贵意见，但文责自负。

作进入脱贫攻坚的新阶段，并取得了巨大的减贫成效。① 广泛动员全社会力量参与是精准扶贫的重要特色，也是习近平扶贫思想的成功经验。近年来，在党和政府的号召下，我国企业已成为脱贫攻坚的重要社会力量，受到了党和政府的高度肯定。② 参与精准扶贫会对企业的资源配置与投资机会产生影响，二者均为影响企业投资效率的重要因素（周中胜、罗正英和周秀园等，2017；饶品贵、岳衡和姜国华，2017）。另外，基于政企互惠的视角，企业承担社会性功能可以获取更多的政策性资源，政策性资源的增加可以缓解企业投资不足问题（张功富，2011；李维安、王鹏程和徐业坤，2015）；企业也可能因为没有对政策性资源进行合理配置而加剧过度投资等非效率投资（陈德球和董志勇，2014；王克敏、刘静和李晓溪，2017）。与以慈善捐赠为代表的其他社会责任相比，在精准扶贫背景下，企业与政府的政治契约性更强，企业通过参与精准扶贫获得政策性资源的预期也更高（曹亚勇、王建琼和于丽丽，2012；Benlemlih and Bitar，2018）。虽然有部分研究探讨了企业社会责任对企业投资的影响，但尚未有研究从精准扶贫的视角检验其对企业投资决策的影响。本文旨在探讨企业参与精准扶贫是否以及如何影响企业投资效率。

本文以 2016 ~ 2017 年参与精准扶贫的上市公司为研究对象，采用 PSM - DID 方法，探究精准扶贫如何影响企业投资效率及其影响途径。研究发现，参与精准扶贫会显著降低企业的投资效率，主要体现为过度投资增加，影响途径主要是投资机会与信贷资源的增加。而投资效率下降主要存在于由地方政府控制的国有企业和减贫压力较小或受政府干预较少地区的上市公司，这意味着地方政府在减贫压力下，有干预企业扶贫投资行为的动机，这种干预对贫困地区企业的投资效率没有负面影响，却会显著降低扶贫压力较小地区企业的投资效率。这一结果表明在扶贫压力较小时，部分扶贫政治资源的使用效率受到扭曲。最后，本文探讨了参与精准扶贫对企业绩效的影响，发现精准扶贫对企业会计业绩没有显著影响，但是能够显著提升企业的市场价值。

本文可能的贡献体现在以下三个方面。首先，本文的研究丰富了企业社会责任领域的文献。从理论来看，精准扶贫是企业社会责任的重要内容（钟宏武，2007）。但是，在我国精准扶贫鲜明的政治导向下，企业精准扶贫实践及其经济后果都体现出与传统的企业社会责任履行不同的特征。具体表现为政治与地区因素会对精准扶贫产生显著影响，而传统的决定企业社会责任，尤其是慈善捐赠的经济因素对精准扶贫的影响则较小。这表明我国企业参与精准扶贫主要受政策因素驱动，也从一个新的视角证

① 2019 年两会政府工作报告在回顾 2018 年工作时指出，"精准脱贫有力推进，累计减贫 8239 万人，年均减少贫困人口 1300 多万"。
② 据《中国企业扶贫研究报告（2018）》统计，党的十八大以来，中央企业投入的定点扶贫资金超过 75 亿元；民营企业成为我国脱贫攻坚的生力军，截至 2018 年 6 月底，已有 5.54 万家民营企业进入"万企帮万村"精准扶贫行动台账管理范围，精准帮扶 6.28 万个村，帮助 755.98 万建档立卡贫困人口。

实我国企业社会责任的履行还是处于对政策的遵守阶段（Miller and Serafeim, 2014）。我们还发现，精准扶贫的高度政治契约性，可以让参与扶贫的企业获得更强的政治与市场合法性，提高企业的市场价值。这表明新兴市场中企业服务于国家利益的"政治性社会责任"，并不总是以牺牲股东利益为代价（Chen, Hung and Wang, 2018）。其次，本文丰富了有关政企互惠的文献。以往有关政企互惠的研究，由于缺乏外生性的政企互惠冲击，不可避免会存在一定的内生性问题；也缺乏可以衡量企业所承担的政策性职能的直接指标（陈德球和董志勇, 2014；李维安、王鹏程和徐业坤, 2015）。精准扶贫为研究政企互惠提供了良好的准自然实验情景：第一，精准扶贫作为外生的政策制度，比传统的慈善捐赠呈现更加显性的政策性特征；第二，企业披露的精准扶贫信息可以直接地衡量企业是否承担了政策性职能，以及所承担的强度。最后，本文从一个新的视角探讨了国家宏观战略对微观企业行为的影响。现阶段我国的"三大攻坚战"是防范化解重大风险、精准脱贫和污染防治。有关防范化解重大风险和污染防治的研究屡见不鲜。比如，张成、陆旸和郭路等（2011），王云、李延喜和马壮等（2017）以及沈洪涛和周艳坤（2017）均从环保的角度探讨环境规制对企业投资和创新等行为的影响。而本文则从同样作为我国"三大攻坚战"之一的精准扶贫角度，探讨国家战略通过何种途径影响企业行为。

二、制度背景

传统的社会服务理论与早期的国际减贫经验均强调消除贫困是政府的责任。为打破二元经济结构、消除农村贫困，逐步实现共同富裕，我国从20世纪80年代中期开始实施有针对性的"开发式"减贫政策，进行了大规模的扶贫投资。政府投入的减贫效果得到了国内外理论与实务界的认可（Montalvo and Ravallion, 2010）。但是，从20世纪90年代开始，我国的减贫进程显著放缓。依靠行政手段自上而下投入政府资金进行扶贫对解决大范围、集中性贫困较为有效。但是，政府扶贫资金存在使用效率低下、不能完全满足市场需求等问题；部分扶贫干部还存在寻租行为，使得政府扶贫在专业性和精准性方面存在不足，难以解决呈现分散、个体和差异化特征的贫困人口的脱贫问题（Adams, 2004；汪三贵, 2008；宫留记, 2016）。为解决传统扶贫机制中存在的问题，突破减贫瓶颈，2013年11月，习近平总书记在湖南湘西考察时首次提出了"精准扶贫"这一理念。旨在解决以往扶贫体系中对脱贫对象的"瞄准不足"问题（左停、杨雨鑫和钟玲, 2013；吴华和韩海军, 2018；刘学敏、张生玲和王诺, 2018），同时强调"广泛社会力量的参与"。在这一理论指导下，政府不再是减缓贫困的唯一责任主体，社会力量——尤其是企业——应该积极参与精准扶贫。为此，国务院以及资本市场监管机构出台了一系列激励性政策。

2015 年 11 月 29 日，中共中央和国务院公布的《关于打赢扶贫攻坚战的决定》明确指出，"广泛地动员全社会力量，合力推进脱贫攻坚"，鼓励企业等社会资源与精准扶贫有效对接。2016 年 9 月 9 日，中国证监会发布了《关于发挥资本市场作用服务国家脱贫攻坚战略的意见》。该意见明确指出，"支持和鼓励上市公司履行社会责任，服务国家脱贫攻坚战略"，并在"完善精准扶贫成效的考核体系"中要求上海证券交易所、深圳证券交易所对上市公司履行扶贫社会责任的信息披露制定格式指引，并在年度报告中披露。2016 年 12 月底，沪深交易所先后发布了《关于进一步完善上市公司扶贫工作信息披露的通知》和《关于做好上市公司扶贫工作信息披露的通知》，对我国上市公司精准扶贫信息的披露形式、披露内容以及披露载体做了进一步的规范。两则通知要求深沪两市上市公司在年度报告全文"重要事项"章节中充分披露公司精准扶贫规划、年度精准扶贫概要、扶贫工作具体成果和后续精准扶贫计划等内容，披露社会责任报告的公司还需在社会责任报告中单独、重点披露履行精准扶贫社会责任的情况。公开披露的精准扶贫信息为研究我国上市公司参与精准扶贫的动因与经济后果提供了数据支持。

三、文献回顾与研究假设

（一）文献回顾

在减缓贫困过程中，企业作为政府之外的重要市场主体为我国扶贫事业做出了巨大贡献（钟宏武、汪杰和黄晓娟，2018）。企业经营可以从促进经济增长、吸纳就业、创造财政税收等方面间接减缓贫困（葛顺奇、刘晨和罗伟，2016）。参与扶贫攻坚战可以反哺企业，帮助企业提高声誉，获取更多的政府资源，从而帮助企业降低风险，提高行业竞争力，获取更多的信贷资源与政府补贴，提升企业价值，实现政企互惠。政企互惠对企业投资的影响是把"双刃剑"。一方面，政企互惠可以有效缓解企业的融资约束问题，弥补投资不足，提高投资效率（何贤杰、肖土盛和陈信元，2012）。另一方面，从政府干预的视角来看，地方政府为推动经济发展，可以通过政策倾斜"支持"存在融资约束的企业，缓解企业的投资不足问题（张功富，2011）；也可以通过政府补助、政策性贷款以及税收优惠等产业政策来调整资源配置，对企业投资进行引导与支持。而在企业存在内部人机会主义的情况下，政府干预可以作为市场约束机制的替代，缓解内部人机会主义对国有企业投资效率的负面影响（钟海燕、冉茂盛和文守逊，2010；白俊和连立帅，2014）。但是政企互惠伴随的政治干预可能会加剧资源错配，降低企业的投资现金流敏感性，进而导致无效投资（陈德球和董志勇，2014）。产业政策也可能会刺激企业过度投资，降低企业投资效率（张新民、张婷婷和陈德球，2017）。

精准扶贫是企业社会责任的重要内容，在利益相关者理论视角下，企业履行社会责任可以提高和增强利益相关者的关注度和监督力，起到治理作用，降低企业代理成本，提高企业投资效率（罗明琦，2014）。企业履行社会责任也可以作为法律保护的替代机制，降低地方政府干预与政治关联对投资效率的负面影响（刘岚和王倩，2016）。而从信息披露视角来看，企业披露的社会责任信息具有信息含量，可以减缓信息不对称问题，降低代理成本，提高投资效率与改善经营业绩（钟马和徐光华，2017；袁振超和饶品贵，2018）。

（二）研究假设

从直接和间接的视角来看，精准扶贫都可能对企业的投资决策产生影响。从直接的视角来看，企业参与精准扶贫的主要形式包括"输血式扶贫"与"造血式扶贫"。其中，"输血式扶贫"包括扶贫资金与物资的直接投入，直接影响企业的资源配置，进而影响企业投资决策（葛结根，2017；徐虹、林钟高和陈洁等，2017；杨兴全和尹兴强，2018）；"造血式扶贫"主要指企业以产业投资项目的形式帮助贫困地区脱贫，是企业投资的直接组成部分。从间接的视角来看，精准扶贫是政府与企业的联合行动，政府先后出台多项政策与奖励制度激励企业参与，由此会出现企业社会责任履行中常见的政企互惠行为（薛爽和肖星，2011；张敏、马黎珺和张雯，2013；戴亦一、潘越和冯舒，2014；李增福、汤旭东和连玉君，2016），进而影响企业的投资决策（陈德球和董志勇，2014）。而从社会责任视角来看，精准扶贫作为企业社会责任的重要组成部分，会产生利益相关者治理与信息披露效应（Dhaliwal，Li and Tsang et al.，2011），提高企业投资效率。图1展示了精准扶贫对企业投资效率的可能影响路径，具体的理论与路径分析如下。

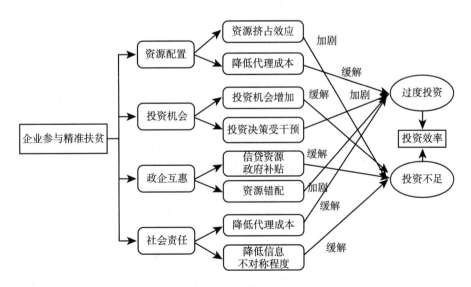

图 1 精准扶贫对企业投资效率的影响路径

1. 资源配置

精准扶贫对企业资金与物资的消耗会对企业资源配置产生影响。一方面，精准扶贫投入对企业资源的挤占效应可能会影响企业占优投资的资金需求，加重企业的融资约束，进而导致企业投资不足；另一方面，精准扶贫产生的资源消耗可以降低冗余资源的代理成本（Dittmar，Mahrt-Smith and Servaes，2003；窦欢和陆正飞，2016），迫使企业将资源用在可以获取更多政府资源的减贫投资项目上，从而减少过度投资，提高投资效率（饶品贵、岳衡和姜国华，2017）。

2. 投资机会

精准扶贫的重要特征是实现"输血式扶贫"向"造血式扶贫"的转变，强调企业结合自身经营优势，通过产业项目，提高扶贫效率。企业参与精准扶贫，意味着企业将面临更多的投资机会，而投资机会是影响投资效率的关键因素之一（Modigliani and Miller，1959），投资机会越多的企业，资本投资规模会越大，投资效率也会越高（Vogt，1994）。但是与此同时，精准扶贫的政治色彩导致企业在扶贫决策过程中不可避免地受到政策导向以及减贫目标的干预，从而使企业偏离最佳投资决策，降低企业投资效率。

3. 政企互惠

现阶段，为了激励更多的企业力量投入精准扶贫，国家先后出台多项支持政策激励企业到贫困地区投资兴业。扶贫企业也会由于承担政策性负担而要求更多的政策倾斜。因此，基于政企互惠视角，企业扶贫行为的政治契约性更强，企业通过参与精准扶贫获得更多政策性资源的预期也更高（Fan，Wong and Zhang，2013）。政策性资源可以为企业带来更多的信贷资源，从一定程度上缓解企业投资不足问题，提高投资效率。与此同时，精准扶贫工作有短期的"硬着陆"指标，由于短期减贫压力的存在，政府提供的政策性资源是需要企业以建档立卡贫困人口与贫困县"摘帽"的硬性减贫目标来交换，这会导致企业不惜牺牲扶贫投资项目的资金使用效率，以获取更好的减贫成效。由于短期减贫任务的压力以及地方政府与企业之间存在的信息不对称，这些以精准扶贫为导向的政府补贴、融资便利等政策性资源会刺激公司过度投资，从而产生资源错配，降低投资效率。早期，我国政府扶贫资金的使用就曾经以"促进区域经济增长"为目标，地方政府更注重经济增长而非贫困县与贫困人口的"摘帽"，导致政府扶贫资金投放被扭曲，降低了扶贫资金的使用效率（蔡昉、陈凡和张车伟，2001）。

4. 社会责任

从微观层面看，我国企业既存在代理问题导致的过度投资，也存在融资约束导致的投资不足（徐晓东和张天西，2009；张宗益和郑志丹，2012）。良好的公司治理是降低企业代理成本、抑制企业的非效率投资的有效途径（李维安和姜涛，2007；方红星和金玉娜，2013）。根据利益相关者理论，企业履行社会责任会提高和增强利益相关者的关注度和监督力，起到治理作用，降低代理成本，提高企业投资效率。另外，企业履行社会责任也可以作为法律保护的替代机制，降低地方政府干预与政治关联对投资效率的负面影响。而从信息披露的视角来看，企业社会责任信息可以作为财务信息的有效补充，减轻信息不对称问题，降低代理成本，提高投资效率。精准扶贫是企业社会责任的重要内容；鉴于精准扶贫的政治契约性与社会关注度，企业参与精准扶贫产生的利益相关者治理效应较强，从而能够有效地改善企业因存在代理成本而产生的非效率投资问题；上市公司公开披露的精准扶贫信息是企业社会责任信息的重要内容，有助于减轻企业的融资约束，弥补投资不足。

基于以上分析，精准扶贫对企业投资效率的影响可能是正面的，也可能是负面的。因此，我们以原假说的形式提出本文的主要研究假说：

H1　其他条件相同时，参与精准扶贫对企业的投资效率无显著影响。

四、研究设计

（一）样本选择与数据来源

本文实证研究部分的样本为 2014~2017 年我国 A 股主板上市公司。根据中国证监会与沪深交易所对上市公司精准扶贫信息披露的制度要求，上市公司应当在年度报告的"重要事项"章节中披露精准扶贫信息；与此同时，对于单独披露社会责任报告的上市公司，应在社会责任报告中单独披露精准扶贫信息。本文基于以上两种渠道手工搜集了 2016 年与 2017 年 A 股上市公司披露的精准扶贫信息，由于金融业精准扶贫的特殊性，为保证统计口径的一致性，在回归分析中将金融业上市公司予以剔除。除精准扶贫投入数据之外，地区贫困县数量数据也在手工搜集的基础上进行整理，企业最终控制人数据来自 CCER 数据库，上市公司财务与治理数据均来自 WIND 数据库。

（二）PSM 样本

为解决样本自选择问题，本文使用 PSM – DID 方法进行分析。参考 Chen、Hung 和 Wang（2018）的 DID 分析思路，本文根据是否在 2016 年和 2017 年参与精准扶贫将样本分为处理组（参与精准扶贫，$FP=1$）和控制组（未参与精准扶贫，$FP=0$），通过 PSM 方法从控制组中为每一个处理组样本找到一个匹配的控制样本。监管机构要求上市公司于 2016 年披露精准扶贫信息，但是部分上市公司于 2017 年才开始披露精准扶贫信息，处理组对象进入政策干预的时间不同，可能会出现一些样本公司在一个年份为处理组,在另一年份为控制组的情况。为避免这一现象,本文将控制组的选择基础限定为 2016 年与 2017 年两年均未披露精准扶贫信息的样本,对 2016 年与 2017 年两年均披露精准扶贫信息的处理组公司采用一次性匹配,对仅于 2016 年披露和仅于 2017 年披露精准扶贫信息的处理组公司逐年进行配对,配对后的样本分布如表 1 所示。

表 1　样本分布统计

单位:个,%

Panel A:按年份						
年份	全样本	占比	处理组	占比	控制组	占比
2014	602	22.10	301	22.10	301	22.10
2015	760	27.90	380	27.90	380	27.90
2016	760	27.90	380	27.90	380	27.90
2017	602	22.10	301	22.10	301	22.10
总计	2724	100.00	1362	100.00	1362	100.00
Panel B:按行业						
农、林、牧、渔业	38	1.40	18	1.32	20	1.47
采矿业	127	4.66	89	6.53	38	2.79
制造业	1596	58.59	754	55.36	842	61.82
电力、热力、燃气及水生产和供应业	102	3.74	64	4.70	38	2.79
建筑业	90	3.30	63	4.63	27	1.98
批发和零售业	168	6.17	93	6.83	75	5.51
交通运输、仓储和邮政业	115	4.22	73	5.36	42	3.08
住宿和餐饮业	15	0.55	7	0.51	8	0.59
信息传输、软件和信息技术服务业	154	5.65	54	3.96	100	7.34
房地产业	146	5.36	71	5.21	75	5.51
租赁和商务服务业	31	1.14	7	0.51	24	1.76
科学研究和技术服务业	8	0.29	0	0.00	8	0.59
水利、环境和公告设施管理业	56	2.06	36	2.64	20	1.47
卫生和社会工作	9	0.33	7	0.51	2	0.15
文化体育和娱乐业	52	1.91	20	1.47	32	2.35
综合	17	0.62	6	0.44	11	0.81
总计	2724	100.00	1362	100.00	1362	100.00

考虑到精准扶贫地区分布的特殊性①，设计 PSM 的 Logit 模型如下：

$$
\begin{aligned}
\mathrm{Prob}(FP = 1) =\ & \alpha_0 + \alpha_1 MV + \alpha_2 Turnover + \alpha_3\ Return + \alpha_4 ROE + \alpha_5 SOE + \alpha_6 PC \\
& + \alpha_7 Donation + \alpha_8 AFN + \alpha_9\ Polluting + \alpha_{10} Poverty + \alpha_{11} Decentralize + \varepsilon
\end{aligned}
\tag{1}
$$

其中，MV 是公司股票市场价值的自然对数；$Turnover$ 是公司股票的年度换手率；$Return$ 是公司股票的年度收益率；ROE 是公司净资产收益率；SOE 是衡量产权性质的虚拟变量，国有企业取值为 1，非国有企业取值为 0；PC 是衡量政治关联的虚拟变量，董事长或总经理具有政治关联则取值为 1，其他情况取值为 0；$Donation$ 是公司捐赠支出与总资产的比例加 1 后取自然对数；AFN 是跟踪公司的分析师数量加 1 后取自然对数；$Polluting$ 是虚拟变量，公司所在行业为重污染行业②取值为 1，其他情况取值为 0；$Poverty$ 用于衡量上市公司注册地所在省份的贫困程度，如果所在省份的贫困县超过全国中位数则取值为 1，其他情况取值为 0；政府对经济的干预程度会对我国企业社会责任履行产生重要影响（周中胜、何德旭和李正，2012），$Decentralize$ 衡量地方政府放权意愿，其构造借鉴蔡贵龙、柳建华和马新啸（2018），即通过采用地方政府财政盈余、地区失业率、地方政府支出水平和地区市场化指数做主成分分析得到的指标。

表 2 报告了是否参与精准扶贫的回归结果。回归 1 采用的是 Chen、Hung 和 Wang（2018）在检验强制性企业社会责任披露时所用控制变量，回归 2 在其基础上加入 $Poverty$ 和 $Decentralize$。可以看到，加入 $Poverty$ 和 $Decentralize$ 后，模型的拟合优度从 17.64% 提升至 20.31%。这说明，在预测是否参与精准扶贫方面，模型（1）的解释能力要高于 Chen、Hung 和 Wang（2018）所用模型。因此，我们以模型（1）为准，按照 Chen、Hung 和 Wang（2018）的思路，以上市公司普遍参与精准扶贫的前 1 年——2015 年数据为准进行 PSM，按照最近邻匹配的原则选择配对样本，考察样本公司 2014～2017 年相关数据，最终得到 2724 个公司年样本。还可以看出，$Poverty$ 的估计系数为 0.5993，在 1% 的水平下显著为正，这意味着贫困程度比较高的省份所辖上市公司参与精准扶贫的概率比较高；$Decentralize$ 的估计系数为 −0.4489，在 1% 的水平下显著为负，这意味着地方政府放权意愿比较强的省份所辖上市公司参与精准扶贫的概率比较低。这些结果表明地区减贫压力与地方政府干预都会对企业精准扶贫决策产生影响。

---

① 黄晓蓓与钟宏武（2019）发现来自中西部贫困地区的上市公司参与精准扶贫的比例更高，扶贫公司占比超过半数的样本均来自减贫压力较大的中西部地区。

② 借鉴 Chen、Hung 和 Wang（2018），我们参照《上市公司环保核查行业分类管理名录》，将火电、钢铁、水泥、电解铝、煤炭、冶金、化工、石化、建材、造纸、酿造、制药、发酵、纺织、制革和采矿业等 16 类行业划分为重污染行业。

表 2　是否参与精准扶贫的回归结果

变量	回归 1		回归 2	
	系数	t 值	系数	t 值
截距	− 17. 7605	− 0. 04	− 17. 8211	− 0. 03
MV	0. 6460 ***	12. 11	0. 6874 ***	12. 68
Turnover	− 0. 0001 *	− 1. 80	− 0. 0002 **	− 1. 96
Return	− 0. 0930	− 0. 68	− 0. 1924	− 1. 39
ROE	0. 2854	0. 76	0. 6179	1. 61
SOE	1. 1406 ***	15. 93	0. 9968 ***	13. 62
PC	0. 3410 ***	3. 77	0. 3160 ***	3. 42
Donation	0. 2141 ***	12. 11	0. 2293 ***	12. 72
AFN	0. 0198	0. 48	0. 0361	0. 86
Polluting	0. 2384 ***	2. 66	0. 1146	1. 25
Poverty			0. 5993 ***	6. 14
Decentralize			− 0. 4489 ***	− 5. 06
Pseudo R^2	0. 1764		0. 2031	
N（个）	5843		5843	

注：*、** 和 *** 代表的显著性水平分别为 10% 、5% 和 1% ；下文同。

（三）投资行为的衡量

参考饶品贵、岳衡和姜国华（2017）以及 Richardson（2006），我们通过投资效率、过度投资和投资不足等 3 个指标检验精准扶贫对企业投资效率的影响。其中，投资效率（*Abs_Inv*）为模型（2）残差的绝对值；残差大于 0 为过度投资，取其绝对值为 *Over_Inv*；残差小于 0 为投资不足，取其绝对值为 *Under_Inv*。

$$Invest_t = \beta_0 + \beta_1 TBQ_{t-1} + \beta_2 Cash_{t-1} + \beta_3 Age_{t-1} + \beta_4 LEV_{t-1} + \beta_5 Invest_{t-1}$$
$$+ \sum Industry\ dummies + \sum Year\ dummies + \mu_t \tag{2}$$

其中，*Invest* 代表投资总量，定义为购买固定资产、无形资产及其他长期资产支付的现金/总资产；*TBQ* 为公司权益的总市值与债务账面价值之和/总资产账面价值；*LEV* 等于债务账面价值/总资产账面价值；*Cash* 为年末现金持有量/总资产账面价值；*Age* 为公司上市月数的自然对数。回归中同时控制行业和年度固定效应。

（四）回归模型与变量定义

参考 Chen、Hung 和 Wang（2018）以及饶品贵、岳衡和姜国华（2017），我们考察精准扶贫与企业投资效率之间关系的模型为：

$$INV = \lambda_0 + \lambda_1 FP + \lambda_2 Post + \lambda_3 FP \times Post + \lambda_4 TBQ + \lambda_5 StdNet + \lambda_6 Size + \lambda_7 LEV + \lambda_8 FCF$$
$$+ \lambda_9 Share1 + \lambda_{10} Board + \lambda_{11} OUT + \lambda_{12} DUAL + \lambda_{13} GDPG + \lambda_{14} Decentralize + \varepsilon \tag{3}$$

其中，*INV* 代表衡量企业投资效率的各指标，即上文所提到的 *Abs_Inv*、*Over_Inv* 和 *Under_Inv*。

鉴于处理组对象进入政策干预的时间存在差异，本文在定义时间效应 *Post* 时，将样本分为两类（具体见表3）。

表3 变量定义

变量	定义
Abs_Inv	投资效率，为模型(2)中回归残差的绝对值
Over_Inv	过度投资，为 *Abs_Inv* 中大于0的部分
Under_Inv	投资不足，为 *Abs_Inv* 中小于0的部分的绝对值
FP	披露精准扶贫信息的取值为1，否则取值为0
Post	对于2016年披露了精准扶贫信息的上市公司，2016～2017年取值为1，2014～2015年取值为0；对于2016年未披露、仅2017年披露精准扶贫信息的上市公司，2017年取值为1，2014～2016年取值为0
TBQ	(公司权益的总市值＋债务账面价值)/总资产账面价值
StdNet	过去8个季度净利润的标准差/同期净利润的平均值的绝对数
Size	总资产的自然对数
LEV	资产负债率
FCF	自由现金流量/总资产
*Share*1	第一大股东持股比例
Board	董事会规模，董事会人数取自然对数
OUT	独立董事人数占董事会总人数的比例
DUAL	若董事长、总经理两职合一取1，否则取0
GDPG	GDP的年度增长率
Decentralize	根据蔡贵龙、柳建华和马新啸(2018)，为采用地方政府财政盈余、地区失业率、地方政府支出水平和地区市场化指数做主成分分析得出的地方政府放权意愿指标

五、实证分析结果

（一）描述统计

表4列示了回归所用变量的描述统计结果。从单变量分析结果来看，参与精准扶贫的公司整体的投资效率要高于未参与精准扶贫的公司。具体来看，参与精准扶贫的样本 *Abs_Inv* 的均值为0.017，未参与精准扶贫的样本 *Abs_Inv* 的均值为0.022；后者比前者高0.005，均值检验的 t 值为4.91。不过，我们主要关注的是参与精准扶贫前后的变化，Panel B 显示了关键变量的双倍差分分析结果。可以看到，2016～2017年，控制组的投资效率有所提升，*Abs_Inv* 由0.025下降至0.020，变动幅度为0.005；而处理组的 *Abs_Inv* 由0.017上升至0.018，投资效率出现下降；DID 值为0.005，在5%的水平

下显著。对 *Over_Inv* 的分析也有类似结果。相比之下，两组样本在投资不足方面的变动趋势无显著差异。这表明，与不参与精准扶贫的公司相比，参与精准扶贫会显著降低投资效率，且主要表现为过度投资。

表 4　变量的描述统计

Panel A：分组统计

变量	*FP* = 1			*FP* = 0			差异检验	
	N（个）	均值	中位数	N（个）	均值	中位数	t 值	z 值
Abs_Inv	1362	0.017	0.011	1362	0.022	0.013	4.91 ***	4.01 ***
Over_Inv	632	0.023	0.013	582	0.029	0.015	3.38 ***	1.54
Under_Inv	730	0.013	0.01	780	0.017	0.013	5.69 ***	4.85 ***
TBQ	1362	2.111	1.671	1362	2.752	2.176	10.36 ***	11.58 ***
StdNet	1362	1.178	0.414	1362	1.147	0.418	0.25	0.56
Size	1362	9.711	9.585	1362	8.92	8.815	17.40 ***	15.50 ***
LEV	1362	0.511	0.521	1362	0.429	0.422	11.18 ***	10.80 ***
FCF	1362	0.040	0.064	1362	0.011	0.053	4.36 ***	3.14 ***
*Share*1	1362	0.376	0.38	1362	0.349	0.334	4.40 ***	4.55 ***
Board	1362	2.306	2.303	1362	2.262	2.303	6.33 ***	6.12 ***
OUT	1362	0.377	0.364	1362	0.372	0.333	2.16 **	2.79 ***
DUAL	1362	0.172	0	1362	0.218	0	3.05 ***	3.05 ***
GDPG	1362	0.085	0.079	1362	0.085	0.079	0.00	0.00
Decentralize	1362	0.732	0.869	1362	0.866	1.084	7.06 ***	8.33 ***

Panel B：双倍差分分析

变量	*FP* = 1		*FP* = 0		DID 差异检验	
	Post = 0	*Post* = 1	*Post* = 0	*Post* = 1	DID 值	显著性
Abs_Inv	0.017	0.018	0.025	0.020	0.005	2.45 **
Over_Inv	0.022	0.024	0.033	0.025	0.010	2.60 ***
Under_Inv	0.013	0.012	0.018	0.016	0.001	0.74

（二）初步回归结果

表 5 报告了初步的多元回归结果。在第（1）列和第（3）列中，*FP* 的估计系数显著为负，表明在披露精准扶贫信息之前，处理组的投资效率高于控制组；同时 *Post* 的估计系数显著为负，说明控制组公司在扶贫信息披露政策出台后的投资效率有了显著提升，这一结果与表 4 一致。在第（1）列中，交互项 *FP × Post* 的估计系数为 0.0044，在 5% 的水平下显著为正；这说明，在控制影响投资效率的其他因素之后，企业参与精准扶贫后投资效率显著降低。在第（2）列中 *FP × Post* 的估计系数为 0.0095，在 5% 的水平下显著为正。在第（3）列中，*FP × Post* 的估计系数为 0.0008，不显著区别于 0。

综合第（2）列和第（3）列的结果可以看到，精准扶贫对投资效率的影响主要体现为增加了过度投资。

表5　初步回归结果

变量	(1) Abs_Inv		(2) Over_Inv		(3) Under_Inv	
	系数	t 值	系数	t 值	系数	t 值
截距	0.0319 ***	2.78	0.0234	1.04	0.0400 ***	4.83
$FP \times Post$	0.0044 **	2.30	0.0095 **	2.49	0.0008	0.60
FP	− 0.0061 ***	− 4.28	− 0.0106 ***	− 3.79	− 0.0035 ***	− 3.44
Post	− 0.0047 ***	− 2.84	− 0.0072 **	− 2.17	− 0.0035 ***	− 2.98
TBQ	0.0007 *	1.79	0.0011	1.36	0.0001	0.32
StdNet	− 0.0002	− 1.46	− 0.0004	− 1.34	− 0.0000	− 0.20
Size	− 0.0014 **	− 2.48	− 0.0019 *	− 1.69	− 0.0016 ***	− 3.83
LEV	0.0068 **	1.97	0.0161 **	2.21	− 0.0027	− 1.15
FCF	− 0.0053 *	− 1.85	− 0.0056	− 0.97	− 0.0094 ***	− 4.60
Share1	0.0033	1.03	0.0079	1.23	0.0033	1.41
Board	0.0009	0.27	0.0048	0.77	− 0.0013	− 0.58
OUT	0.0019	0.18	0.0050	0.24	− 0.0011	− 0.14
DUAL	0.0032 **	2.51	0.0062 **	2.51	− 0.0007	− 0.72
GDPG	− 0.0148	− 0.36	0.0077	0.09	0.0135	0.46
Decentralize	0.0021 **	2.05	0.0022	1.03	0.0013 *	1.86
行业 & 年度	控制		控制		控制	
Adj − R²	0.0671		0.0866		0.1414	
N(个)	2724		1214		1510	

（三）平行趋势检验

PSM – DID 方法的应用要求研究所涉及的处理组与控制组在政策实施前有相同的发展趋势。借鉴任胜钢、郑晶晶和刘东华等（2019）的做法，采用事件研究法检验平行趋势：将政策实施前一年即 2015 年作为回归基准年，定义 Before_2014、Current_2016 与 After_2017 分别为 treat（FP = 1）与 Year2014、Year2016 与 Year2017 三个年度虚拟变量的乘积，以上变量与投资效率的回归结果如表6所示。从回归结果中可以看出，Before_2014 的估计系数较小，且不显著，说明在政策实施前控制组与处理组发展趋势并未存在显著差异，而 Current_2016 与 After_2017 的估计系数显著不为0，表明从2016年开始，控制组与处理组出现了显著差异，满足平行趋势假定。

表 6　平行趋势检验

变量	Ab_Inv	
	系数	t 值
截距	0.0296 ***	6.88
Before_2014	− 0.000177	− 0.06
Current_2016	0.00464 *	1.80
After_2017	0.00492 *	1.80
treat	− 0.00743 ***	− 4.07
Year2014	− 0.00211	− 1.09
Year2016	− 0.00537 ***	− 2.77
Year2017	− 0.00661 ***	− 3.23
行业	控制	
$Adj - R^2$	0.0674	
N（个）	2724	

（四）影响机制分析

上文指出，精准扶贫可能通过资源配置、投资机会、政企互惠和社会责任等机制影响企业投资，且不同机制的影响方向不同。即，表 5 所展示的可能是多种机制共同作用的结果。我们借鉴路径检验的思路（蒋德权、姚振晔和陈冬华，2018），对各种机制进行区分，具体模型如下：

$$PathV = \alpha_0 + \alpha_1 FP \times Post + Controls + \varepsilon \tag{4}$$

$$Abs\_Inv = \beta_0 + \beta_1 FP \times Post + \beta_2 PathV + Controls + \varepsilon \tag{5}$$

$$Over\_Inv = \lambda_0 + \lambda_1 FP \times Post + \lambda_2 PathV + Controls + \varepsilon \tag{6}$$

按照路径检验的思路，如果在模型（4）的回归中，$FP \times Post$ 的估计系数不显著区别于 0，则不存在中介效应，路径检验终止。如果 $FP \times Post$ 的估计系数显著区别于 0，则说明可能存在中介效应，可以继续模型（5 或 6）的回归。模型（5 或 6）的回归结果可能有如下情况：（1）如果 $PathV$ 的估计系数显著区别于 0，且 $FP \times Post$ 的估计系数不再显著，则 $PathV$ 发挥了完全中介效应；（2）如果 $PathV$ 的估计系数显著区别于 0，且 $FP \times Post$ 的估计系数仍然显著，则 $PathV$ 发挥了部分中介效应；（3）如果 $PathV$ 的估计系数不显著区别于 0，而 $FP \times Post$ 的估计系数仍然显著，则 $PathV$ 不发挥中介效应。$PathV$ 的选取原则有两个：（1）已有研究表明，企业社会责任的履

行会影响 *PathV*；（2）已有研究表明，*PathV* 会影响投资效率。按照这一原则，我们以 *Cash* 和 *Cash2* 表示企业的超额现金持有（王红建、李青原和邢斐，2014），用以衡量企业的资源规模；以销售收入增长率、公司层面的 Tobin's Q 和行业层面的 Tobin's Q 衡量投资机会（Cull, Wei and Bo et al., 2015）；以信贷资源和补贴收入衡量政企互惠，以代理成本和机构投资者持股比例衡量治理效应（邓博夫、吴萌和吉利，2016）。

表 7 报告了以上述变量依次替换模型（4）中 *PathV* 后的回归结果。第一，参与精准扶贫不会显著影响企业的资源规模。具体而言，在第（1）列中，*FP × Post* 的估计系数为 −0.0147，不显著；在第（2）列中，*FP × Post* 的估计系数为 −0.0378，也不显著。第二，参与精准扶贫会显著增加企业的投资机会。具体而言，在第（3）列中，*FP × Post* 的估计系数为 0.0788，在 1% 的水平上显著为正；在第（4）列中，*FP × Post* 的估计系数为 0.4262，在 1% 的水平上显著为正；在第（5）列中，*FP × Post* 的估计系数为 0.3244，在 1% 的水平上显著为正。第三，参与精准扶贫会提高政企互惠水平，但只表现为企业信贷资源的增加，并未给企业带来补贴收入。具体而言，在第（6）列中，*FP × Post* 的估计系数为 0.0150，在 10% 的水平上显著为正；在第（7）列中，*FP × Post* 的估计系数为 0.0001，不显著。从精准扶贫的角度来看，这是可以理解的。如果地方政府的财政比较富裕，则可以直接将财政收入用于精准扶贫，而不必补贴给企业。信贷资源则不同，属于"慷他人之慨"，地方政府不必承担直接的财政压力。第四，参与精准扶贫存在治理效应，但对各方面的影响不一致。从代理成本的角度来看，参与精准扶贫无显著治理效应，表现在第（8）和第（9）列中，*FP × Post* 的估计系数均不显著。从外部治理的角度来看，参与精准扶贫有显著的治理效应，表现在第（10）列中，*FP × Post* 的估计系数显著为正，说明参与精准扶贫会显著提高机构投资者持股比例。

但是，上述在回归中显著的 *PathV* 是否发挥了中介效应，还需要第二步检验结果的证实。表 8 报告了路径分析第二步的回归结果。以销售收入增长率为 *PathV* 时，在第（1）和第（2）列中 *PathV* 的估计系数显著为正，说明增长率越高，企业的非效率投资和过度投资越多；控制 *PathV* 后，*FP × Post* 的估计系数仍显著为正，说明 *PathV* 只发挥了部分中介作用。以公司 Tobin's Q 或行业 Tobin's Q 为 *PathV* 时，在第（3）和第（5）列中 *PathV* 的估计系数显著为正，说明投资机会越多，企业的非效率投资越多；控制 *PathV* 后，*FP × Post* 的估计系数仍显著为正，说明 *PathV* 只发挥了部分中介作用。但是，公司 Tobin's Q 或行业 Tobin's Q 在精准扶贫与过度投资的关系中不发挥中介作用，表现在第（4）和第（6）列中 *PathV* 的估计系数不显著。综合第（1）~第（6）列中的结果，投资机会的增加是精准扶贫影响非效率投资的部分中介；在精准扶贫与过度投资的关系中并不总是发挥部分中介作用。

表 7　中介效应的回归结果（路径分析第一步）

变量	资源规模		投资机会			政企互惠		治理效应		
	(1) Cash	(2) Cash2	(3) SalesG	(4) TBQ	(5) TBQ2	(6) Loan	(7) Subsidiary	(8) AC1	(9) AC2	(10) INS
截距	0.0574 (0.82)	-0.0890 (-1.01)	0.3487** (2.08)	7.4495*** (13.97)	4.1039*** (8.05)	-0.0377 (-0.74)	0.0125*** (4.82)	0.1802*** (6.77)	0.0121 (1.42)	-1.1390*** (-20.18)
$FP \times Post$	-0.0147 (-0.75)	-0.0378 (-1.53)	0.0788*** (2.71)	0.4262*** (4.62)	0.3244*** (3.68)	0.0150* (1.77)	0.0001 (0.31)	0.0015 (0.33)	0.0003 (0.21)	0.0527*** (5.39)
FP	-0.0008 (-0.05)	0.0049 (0.27)	-0.0820*** (-3.83)	-0.2509*** (-3.68)	-0.2095*** (-3.22)	-0.0076 (-1.22)	-0.0003 (-0.80)	0.0009 (0.27)	0.0004 (0.40)	-0.0170** (-2.35)
$Post$	-0.0475** (-2.48)	0.2369*** (9.89)	-0.0139 (-0.56)	-0.3198*** (-4.03)	0.0048 (0.06)	-0.0454*** (-6.23)	-0.0006 (-1.54)	0.0045 (1.13)	-0.0004 (-0.29)	0.0064 (0.76)
控制变量	Yes	Yes	Yes	Yes	Yes	Yes	Yes	Yes	Yes	Yes
Adj－R^2	0.1304	0.1816	0.0415	0.4637	0.2847	0.2415	0.1541	0.3173	0.1739	0.6654
N（个）	2724	2724	2724	2724	2724	2724	2724	2724	2724	2724

注：Cash 表示现金及现金等价物／（总资产－现金及现金等价物），经行业均值调整；Cash2 表示货币资金／（总资产－货币资金），经行业均值调整；SalesG 表示销售收入增长率；TBQ2 表示是行业内上市公司 Tobin's Q 的中位数；Loan 表示（短期借款＋长期借款）／总资产；Subsidiary 表示政府补助／总资产；AC1 表示政府补助／总资产；AC2 表示其他应收款／总资产；INS 表示机构投资者持股比例；括号内为 t 值，下文同。

表 8 中介效应的回归结果（路径分析第二步）

变量	PathV = SalesG		PathV = TBQ		PathV = TBQ2		PathV = Loan		PathV = INS	
	(1)	(2)	(3)	(4)	(5)	(6)	(7)	(8)	(9)	(10)
	Abs_Inv	Over_Inv	Abs_Inv	Over_Inv	Abs_Inv	Over_Inv	Abs_Inv	Over_Inv	Abs_Inv	Over_Inv
截距	0.0368***	0.0296	0.0319***	0.0234	0.0349***	0.0274	0.0314***	0.0233	0.0355***	0.0265
	(3.33)	(1.37)	(2.78)	(1.04)	(3.11)	(1.25)	(2.80)	(1.04)	(2.99)	(1.15)
PathV	0.0048***	0.0084***	0.0007*	0.0011	0.0009**	0.0012	0.0341***	0.0435***	-0.0026	-0.0059
	(3.79)	(3.21)	(1.79)	(1.36)	(2.08)	(1.51)	(6.51)	(4.21)	(-0.69)	(-0.81)
FP × Post	0.0044**	0.0094**	0.0044**	0.0095**	0.0045**	0.0096**	0.0042**	0.0087**	0.0049**	0.0103***
	(2.28)	(2.47)	(2.30)	(2.49)	(2.32)	(2.52)	(2.20)	(2.31)	(2.53)	(2.69)
FP	-0.0060***	-0.0104***	-0.0061***	-0.0106***	-0.0062***	-0.0106***	-0.0053***	-0.0098***	-0.0064***	-0.0110***
	(-4.23)	(-3.74)	(-4.28)	(-3.79)	(-4.38)	(-3.82)	(-3.77)	(-3.53)	(-4.54)	(-3.97)
Post	-0.0047***	-0.0075**	-0.0047***	-0.0072**	-0.0048***	-0.0074**	-0.0042**	-0.0063*	-0.0048***	-0.0072**
	(-2.88)	(-2.28)	(-2.84)	(-2.17)	(-2.91)	(-2.23)	(-2.59)	(-1.90)	(-2.90)	(-2.19)
控制变量	Yes	Yes	Yes	Yes	Yes	Yes	Yes	Yes	Yes	Yes
Sobel z	2.18**	2.08**	1.64	1.32	1.92*	1.39	1.71*	1.67*	0.68	0.80
Adj - R²	0.0701	0.0931	0.0671	0.0866	0.0666	0.0869	0.0836	0.1024	0.0653	0.0857
N（个）	2724	1214	2724	1214	2724	1214	2724	1202	2724	1214

以信贷资源为 $PathV$ 时，在第（7）和第（8）列中 $PathV$ 的估计系数显著为正，说明信贷资源越多，企业的非效率投资和过度投资越多；控制 $PathV$ 后，$FP \times Post$ 的估计系数仍显著为正，说明信贷资源发挥了部分中介作用。以机构投资者持股比例为 $PathV$ 时，在第（9）列和第（10）列中 $PathV$ 的估计系数均不显著；控制 $PathV$ 后，$FP \times Post$ 的估计系数仍显著为正，说明机构投资者持股比例并未发挥中介作用。

六、进一步的分析

（一）横截面差异检验

1. 产权性质的影响

长期以来，我国国有企业承担着维护公众利益、保障就业等政策性负担（林毅夫和李志赟，2004），也承担着定点扶贫的工作。在精准扶贫战略下，中央强化了国有企业应承担的责任，要求国有企业通过发展产业、对接市场、安置就业等多种方式帮助贫困户脱贫[①]，同时将精准扶贫作为考核国有企业社会责任履行的重要指标。由此可见，精准扶贫已成为国有企业的一项重要政治责任，也成为决定国有企业领导干部政治晋升的重要因素（曹春方和傅超，2015）。因此，我们预期精准扶贫对国有企业投资效率的影响较非国有企业更大。我们将样本分为国有与非国有企业，表9报告了相关回归结果。从 Panel A 可以看到，精准扶贫所引发的非效率投资主要发生在国有企业。具体而言，在第（1）列中，$FP \times Post$ 的估计系数为 0.0042，在 10% 的水平下显著；在第（2）列中，$FP \times Post$ 的估计系数为 0.0037，不显著；在第（3）列中，$FP \times Post$ 的估计系数为 0.0105，在 10% 的水平下显著；在第（4）列中，$FP \times Post$ 的估计系数为 0.0085，不显著。

表 9 精准扶贫、产权性质与投资效率

Panel A：国有和非国有企业的区别

变量	Abs_Inv		Over_Inv	
	（1）国有	（2）非国有	（3）国有	（4）非国有
截距	0.0187	0.0318	0.0148	0.0066
	(1.33)	(1.46)	(0.49)	(0.16)
$FP \times Post$	0.0042*	0.0037	0.0105*	0.0085
	(1.69)	(1.22)	(1.95)	(1.49)

---

① 2018 年 6 月 15 日，新华社全文刊发的《中共中央 国务院关于打赢脱贫攻坚战三年行动的指导意见》要求落实国有企业精准扶贫责任。

续表

Panel A:国有和非国有企业的区别

变量	Abs_Inv		Over_Inv	
	(1)国有	(2)非国有	(3)国有	(4)非国有
FP	- 0.0042 **	- 0.0074 ***	- 0.0101 **	- 0.0104 **
	(- 2.31)	(- 3.33)	(- 2.56)	(- 2.55)
Post	- 0.0041 *	- 0.0057 **	- 0.0075	- 0.0072
	(- 1.82)	(- 2.34)	(- 1.49)	(- 1.59)
控制变量	Yes	Yes	Yes	Yes
Adj – R²	0.1001	0.0433	0.1368	0.0522
N(个)	1359	1365	572	642

Panel B:中央和地方国有企业的区别

变量	Abs_Inv		Over_Inv	
	(1)中央	(2)地方	(3)中央	(4)地方
截距	0.0197	0.0205	0.0366	0.0252
	(0.84)	(1.12)	(0.67)	(0.64)
FP × Post	0.0018	0.0062 **	0.004	0.0121 *
	(0.43)	(1.98)	(0.40)	(1.86)
FP	- 0.0098 ***	- 0.0024	- 0.0183 **	- 0.0051
	(- 3.04)	(- 1.07)	(- 2.36)	(- 1.07)
Post	- 0.0056	- 0.0032	- 0.0089	- 0.0028
	(- 1.48)	(- 1.15)	(- 0.93)	(- 0.48)
控制变量	Yes	Yes	Yes	Yes
Adj – R²	0.1238	0.0954	0.1815	0.1312
N(个)	528	831	208	364

Hao 和 Lu（2018）发现，地方政府对地方国有企业投资决策的干预程度较大，而对中央国有企业的干预程度较小。根据中共中央办公厅、国务院办公厅印发的《省级党委和政府扶贫开发工作成效考核办法》，现阶段精准扶贫分解至各省（自治区、直辖市），国务院扶贫办每年对减贫计划进行考核，并将其作为地方省级党委、政府主要负责人和领导班子综合考核评价的重要依据。因此，相较于中央国有企业，地方国有企业面临的地方政府摊派的减贫压力更大，这对其投资效率的影响也会更大。鉴于此，我们对地方国有企业和中央国有企业进行了分组回归。从表9的 Panel B 可以看到，精准扶贫所引发的非效率投资主要发生在地方国有企业。比如，在第（2）列中，FP × Post 的估计系数为0.0062，在5%的水平下显著；在第（4）列中，FP × Post 的估计系数为0.0121，在10%的水平下显著；而中央国有企业样本中，FP × Post 的估计系数均不显著。上述结果与 Hao 和 Lu（2018）是一致的。

2. 减贫压力与地方政府的影响

前已述及，地方减贫压力与地方政府特征会对上市公司精准扶贫决策产生重要影响。在地方贫困程度较高、减贫压力较大的地区，地方政府可能会对所辖区域上市公司的精准扶贫进行干预。如果上市公司所在省份比较富裕，脱贫压力小，地方政府为了政绩又需要企业扶贫数据，则会出现更高水平的政企互惠和资源错配。我们按上市公司所在省份贫困县的数量是否高于样本中位数将样本划分为两组，结果报告在表 10 的 Panel A 中。可以看到，在贫困县数量比较多的省份，企业参与精准扶贫后的投资效率未受到显著影响，表现在第（1）列和第（3）列中，$FP \times Post$ 的估计系数不显著；而在第（2）列中 $FP \times Post$ 的估计系数为 0.0070，在 1% 的水平下显著；在第（4）列中 $FP \times Post$ 的估计系数为 0.0116，在 5% 的水平下显著。换句话说，精准扶贫对投资效率的扭曲主要发生在贫困县数量比较少的省份。

表 10　精准扶贫、地区差异与投资效率

Panel A：地区贫困程度

变量	Abs_Inv		$Over\_Inv$	
	（1）高	（2）低	（3）高	（4）低
截距	0.0269	0.0368**	0.0261	0.0325
	(1.51)	(2.48)	(0.64)	(1.15)
$FP \times Post$	−0.0011	0.0070***	0.0052	0.0116**
	(−0.38)	(2.85)	(0.80)	(2.51)
FP	−0.0052**	−0.0057***	−0.0082*	−0.0092***
	(−2.3)	(−3.17)	(−1.68)	(−2.71)
$Post$	−0.0018	−0.0059***	−0.0058	−0.0086**
	(−0.67)	(−2.89)	(−1.00)	(−2.17)
控制变量	Yes	Yes	Yes	Yes
$Adj-R^2$	0.1306	0.0754	0.1446	0.1024
N（个）	870	1854	348	866

Panel B：地方政府放权意愿

变量	Abs_Inv		$Over\_Inv$	
	（1）强	（2）弱	（3）强	（4）弱
截距	0.0262	0.0405**	0.0258	0.0418
	(1.53)	(2.39)	(0.81)	(1.09)
$FP \times Post$	0.0064**	0.0015	0.0116**	0.0073
	(2.53)	(0.52)	(2.44)	(1.13)
FP	−0.0053***	−0.0056**	−0.0090**	−0.0095**
	(−2.83)	(−2.55)	(−2.57)	(−1.99)
$Post$	−0.0065***	−0.0017	−0.0104**	−0.0032
	(−3.07)	(−0.66)	(−2.54)	(−0.56)
控制变量	Yes	Yes	Yes	Yes
$Adj-R^2$	0.0876	0.0834	0.1236	0.0703
N（个）	1640	1084	764	450

表 2 的回归显示，地方政府放权意愿越强，所辖区域上市公司参与精准扶贫的概率越低。那么，一旦上市公司选择参与精准扶贫，地方政府是否会给予更多回报？为对此进行验证，我们按照地方政府放权意愿是否强于样本中位数进行分组，表 10 的 Panel B 报告了相关回归结果。可以看到，精准扶贫所引发的非效率投资和过度投资主要发生在地方政府放权意愿较强的地区。比如，在第（1）列中，$FP \times Post$ 的估计系数为 0.0064，在 5% 的水平下显著；在第（3）列中，$FP \times Post$ 的估计系数为 0.0116，在 5% 的水平下显著；而在第（2）和第（4）列中，$FP \times Post$ 的估计系数均不显著。

综上所述，在扶贫需求比较高的地区，上市公司参与精准扶贫后的投资效率未受到显著影响，说明"好钢用在了刀刃上"；而在扶贫需求并不高的地区，上市公司参与精准扶贫后出现了过度投资，说明资源出现了浪费①。

（二）经济后果分析

上文的结果表明，参与精准扶贫会导致企业非效率投资，且主要表现为过度投资。那么，这种非效率投资是否会影响企业的会计业绩与市场价值？表 7 与表 8 的结果显示，参与精准扶贫会显著提高企业的销售收入增长率和 Tobin's Q。前者属于会计业绩指标，后者在很多文献中也被视为市场价值指标。从这两个指标的角度看，参与精准扶贫虽然会产生非效率投资，但对企业的会计业绩和市场价值均有显著的正面影响。那么，这一结论能否适用于其他业绩指标？本文从购买持有收益率（BHAR）和两个经典的会计业绩指标（ROA 和 ROE）的角度对此做进一步分析。其中，BHAR 等于当年 5 月至次年 4 月的购买持有收益率，ROA 为总资产收益率，ROE 为净资产收益率。表 11 报告了这 3 个指标的回归结果。

表 11　精准扶贫与企业绩效

变量	（1）BHAR		（2）ROA		（3）ROE	
	系数	t 值	系数	t 值	系数	t 值
截距	1.1854 ***	6.18	0.1037 ***	5.53	0.0193	0.44
$FP \times Post$	0.0661 **	2.07	0.0036	1.15	− 0.0004	− 0.06
FP	− 0.0346	− 1.46	0.0034	1.45	0.0026	0.47
Post	− 1.1440 ***	− 41.84	− 0.0143 ***	− 5.36	− 0.0039	− 0.60
StdNet	− 0.0026	− 0.89	− 0.0011 ***	− 3.96	− 0.0065 ***	− 10.70
Size	0.0211 **	2.22	0.0064 ***	6.92	0.0146 ***	6.61

---

① 根据中国经济发展的地域特征，中西部地区的贫困程度普遍高于东部地区，中西部地区上市公司精准扶贫的参与度也高于东部地区；且中西部地区市场化程度比较低，政府干预水平比较高。因此，我们进一步按东部地区和中西部地区进行分组回归，回归结果（限于篇幅，并未列示，备索）与表 5 一致，即精准扶贫对投资效率的负面影响主要发生在东部地区——精准扶贫需求比较低的区域。

续表

变量	(1) BHAR		(2) ROA		(3) ROE	
	系数	t 值	系数	t 值	系数	t 值
LEV	0.0662	1.17	− 0.1520 ***	− 27.60	− 0.1819 ***	− 13.88
Share1	0.1122 **	2.11	0.0242 ***	4.66	0.0091	0.71
Board	0.0102	0.19	− 0.0083	− 1.58	− 0.0045	0.35
OUT	0.2559	1.45	− 0.0542 ***	− 3.14	− 0.0775 *	− 1.87
DUAL	0.0175	0.83	0.0004	0.22	0.0096 *	1.92
GDPG	− 3.4493 ***	− 5.01	0.2406 ***	3.58	− 0.0040	− 0.02
Decentralize	0.0044	0.25	0.0077 ***	4.52	0.0354 ***	8.70
行业 & 年度	控制		控制		控制	
$Adj - R^2$	0.6666		0.3962		0.2100	
N(个)	2264		2724		2724	

第 (1) 列中, $FP \times Post$ 的估计系数为 0.0661, 在 5% 的水平下显著; 这说明, 参与精准扶贫会显著提高企业的购买持有收益率。这与表 7 中对 TBQ 的分析是一致的。即, 参与精准扶贫会显著提升企业的市场价值。第 (2) 列和第 (3) 列进一步分析了精准扶贫对企业会计业绩的影响。第 (2) 列中, $FP \times Post$ 的估计系数为 0.0036; 第 (3) 列中, $FP \times Post$ 的估计系数为 − 0.004, 均不显著。这说明, 参与精准扶贫不会显著影响企业的会计业绩。综合第 (1) ~ 第 (3) 列的结果, 参与精准扶贫能够显著提升企业的市场价值, 但是并不会影响企业的会计业绩。产生这一现象可能有两种原因: 一是参与精准扶贫可以提高企业声誉水平, 具有社会外部性, 得到资本市场认可, 因而给予更高的估值; 二是资本市场预期到企业参与精准扶贫带来的政企互惠, 增强组织合法性, 因而给予更高的估值。

七、结论与启示

本文使用上市公司公开披露的精准扶贫信息, 分析了精准扶贫对企业投资效率的影响, 主要结论如下。(1) 精准扶贫可以增加参与企业的投资机会与信贷资源, 但是会导致扶贫企业过度投资, 降低投资效率; 而且, 精准扶贫的政企互惠是影响企业非效率投资的主要因素之一。这种影响主要发生在脱贫压力较小的地区, 因此类地区的上市公司主要是通过对接帮扶进行扶贫, 缺乏来自所在地减贫目标的"硬约束", 因此政企互惠引发资源错配的可能性更高。(2) 精准扶贫对投资效率的负面影响在地方国有企业中更加显著。这表明精准扶贫任务分解至地方政府产生的减贫压力会引发地方政府对地方国有企业的投资干预; 而地方国有企业虽然承担了一定减贫压力，但是二者之间的隐性契约关系可能导致地方国有企业参与精准扶贫存在"雷声大雨点小"的问题。（3）精准扶贫可以显著提高企业的市场价值，企业参与扶贫虽然可能会造成投资效率的下降，但是在增强组织正当性和合法性等方面的溢出效应抵消了非效率投资的负面影响，没有以牺牲股东利益为代价。总的来说，本文的研究结论表明，在政府主导下，企业服务于公共利益可以实现社会福祉与企业共赢，这一战略也可以为其他新兴经济体的减少贫困提供有力借鉴。

本文主要的政策启示如下。（1）构建企业可持续扶贫机制。本文发现企业参与精准扶贫有助于企业市场价值的提高。但目前我国上市公司精准扶贫的总体参与度仅在30%左右，鉴于我国脱贫攻坚已经进入最后冲刺期，精准扶贫的重点已由实现贫困人口脱贫转换到构建可持续脱贫的长效机制，企业的精准扶贫目标与评价重点也应由帮助建档立卡贫困人员脱贫转向实现企业效益与扶贫效果共存。监管机构应对不同行业上市公司因地制宜开展精准扶贫工作进行规范与指引，引导企业结合自身经营特征开展扶贫工作，增强企业内在扶贫动力，在通过鼓励更多企业参与持续性扶贫以降低返贫风险的同时，促进企业的健康发展。（2）积极开展对企业扶贫工作的有效评价与宣传。现阶段地方政府面临着短期内实现减贫目标的压力，精准扶贫披露制度也强调上市公司的扶贫投入与建档立卡贫困人员脱贫数量，导致企业扶贫工作可能会存在片面追求扶贫投入与减贫效果，忽视企业扶贫资金使用与投资项目的效率，不利于企业可持续扶贫工作的发展。2017年国务院国资委牵头对101家中央企业开展定点扶贫工作试考核，试考核结果采取定性评价方式，但是目前尚缺乏对企业扶贫实践与信息披露的定量评价。因此，应鼓励监管部门或第三方机构对企业扶贫投入、减贫成效与企业自身的扶贫项目收益进行综合评价。同时对减贫效果与企业投资效率共赢的扶贫新模式予以宣传褒奖，积极推广创新扶贫模式。（3）提高政府扶贫资源的配置效率。从参与精准扶贫对企业投资效率的影响来看，现阶段精准扶贫工作规划未能形成政策支持与企业扶贫工作的有机对接，出现了传统政企互惠中存在的政府资源错配问题，尤其在减贫压力较小、缺乏脱贫"硬约束"的地区。因此，结合帮扶地减贫需求与企业经营优势对企业扶贫工作进行统筹规划，提高政府扶贫资源的配置效率，应是下一阶段推动企业可持续扶贫、防止返贫的工作重点。

参考文献

白俊，连立帅 . 2014. 国企过度投资溯因：政府干预抑或管理层自利？. 会计研究，2：43 – 50.

蔡昉，陈凡，张车伟 . 2001. 政府开发式扶贫资金政策与投资效率 . 中国青年社会科学，20（2）：60 – 66.

蔡贵龙，柳建华，马新啸 . 2018. 非国有股东治理与国企高管薪酬激励 . 管理世界，34（5）：137 – 149.

曹春方，傅超 . 2015. 官员任期与地方国企捐赠：官员会追求"慈善"吗？. 财经研究，41（4）：122 – 133.

曹亚勇，王建琼，于丽丽 . 2012. 公司社会责任信息披露与投资效率的实证研究 . 管理世界，12：183 – 185.

陈德球，董志勇 . 2014. 社会性负担、融资约束与公司现金持有——基于民营上市公司的经验证据 . 经济科学，36（2）：68 – 78.

戴亦一，潘越，冯舒 . 2014. 中国企业的慈善捐赠是一种"政治献金"吗？——来自市委书记更替的证据 . 经济研究，2：74 – 86.

邓博夫，吴萌，吉利 . 2016. 社会责任信息披露能引起机构投资者关注吗——基于股权资本成本的检验 . 财经科学，9：24 – 32.

窦欢，陆正飞 . 2016. 大股东控制、关联存款与现金持有价值 . 管理世界，5：141 – 150.

方红星，金玉娜 . 2013. 公司治理、内部控制与非效率投资：理论分析与经验证据 . 会计研究，7：63 – 69.

葛结根 . 2017. 并购对目标上市公司融资约束的缓解效应 . 会计研究，8：68 – 73.

葛顺奇，刘晨，罗伟 . 2016. 外商直接投资的减贫效应：基于流动人口的微观分析 . 国际贸易问题，1：82 – 92.

宫留记 . 2016. 政府主导下市场化扶贫机制的构建与创新模式研究——基于精准扶贫视角 . 中国软科学，5：154 – 162.

何贤杰，肖土盛，陈信元 . 2012. 企业社会责任信息披露与公司融资约束 . 财经研究，8：61 – 72.

黄晓蓓，钟宏武 . 2019. 我国上市公司精准扶贫投入与成效现状研究——基于 2017 年度精准扶贫信息的分析 . 财务与会计，9：21 – 25.

蒋德权，姚振晔，陈冬华 . 2018. 财务总监地位与企业股价崩盘风险 . 管理世界，34（3）：153 – 166.

李维安，姜涛 . 2007. 公司治理与企业过度投资行为研究——来自中国上市公司的证据 . 财贸经济，12：56 – 61.

李维安，王鹏程，徐业坤 . 2015. 慈善捐赠、政治关联与债务融资——民营企业与政府的资源交换行为 . 南开管理评论，18（1）：4 – 14.

李增福，汤旭东，连玉君 . 2016. 中国民营企业社会责任背离之谜 . 管理世界，9：136 – 148.

林毅夫，李志赟 . 2004. 政策性负担、道德风险与预算软约束，经济研究，2：17 – 27.

刘岚，王倩 . 2016. 企业社会责任、政治关联与非效率投资——基于企业社会责任的治理效应 . 中国管理科学，s1：398 – 404.

刘学敏，张生玲，王诺 . 2018. 效率、社会公平与中国减贫方略 . 中国软科学，5：49 – 55.

罗明琦 . 2014. 企业产权、代理成本与企业投资效率——基于中国上市公司的经验证据 . 中国软科学，7：172 – 184.

饶品贵，岳衡，姜国华 . 2017. 经济政策不确定性与企业投资行为研究 . 世界经济，2：27 – 51.

任胜钢，郑晶晶，刘东华，陈晓红 . 2019. 排污权交易机制是否提高了企业全要素生产率——来自中国上市公司的证据 . 中国工业经济，5：5 – 23.

沈洪涛，周艳坤 . 2017. 环境执法监督与企业环境绩效：来自环保约谈的准自然实验证据 . 南开管理评论，20（6）：73 – 82.

王红建，李青原，邢斐 . 2014. 经济政策不确定性、现金持有水平及其市场价值 . 金融研究，9：

53 – 68.

王克敏，刘静，李晓溪 . 2017. 产业政策、政府支持与公司投资效率研究 . 管理世界，3：113 – 124.

汪三贵 . 2008. 在发展中战胜贫困——对中国 30 年大规模减贫经验的总结与评价 . 管理世界，11：
78 – 88.

王云，李延喜，马壮，宋金波 . 2017. 媒体关注、环境规制与企业环保投资 . 南开管理评论，20（6）：
83 – 94.

吴华，韩海军 . 2018. 精准扶贫是减贫治理方式的深刻变革 . 国家行政学院学报，116（5）：144 – 150.

徐虹，林钟高，陈洁，解伶伶 . 2017. 现金持有水平、内部控制与企业并购决策 . 经济与管理研究，
38（4）：133 – 144.

徐晓东，张天西 . 2009. 公司治理、自由现金流与非效率投资 . 财经研究，35（10）：47 – 58.

薛爽，肖星 . 2011. 捐赠：民营企业强化政治关联的手段？. 财经研究，11：102 – 112.

杨兴全，尹兴强 . 2018. 国企混改如何影响公司现金持有？. 管理世界，34（11）：93 – 107.

袁振超，饶品贵 . 2018. 会计信息可比性与投资效率 . 会计研究，6：39 – 46.

张成，陆旸，郭路，于同申 . 2011. 环境规制强度和生产技术进步 . 经济研究，2：113 – 124.

张功富 . 2011. 政府干预、政治关联与企业非效率投资——基于中国上市公司面板数据的实证研究 .
财经理论与实践，32（3）：24 – 30.

张敏，马黎珺，张雯 . 2013. 企业慈善捐赠的政企纽带效应——基于我国上市公司的经验证据 . 管理
世界，7：163 – 171.

张新民，张婷婷，陈德球 . 2017. 产业政策、融资约束与企业投资效率 . 会计研究，4：12 – 18.

张宗益，郑志丹 . 2012. 融资约束与代理成本对上市公司非效率投资的影响——基于双边随机边界模
型的实证度量 . 管理工程学报，26（2）：119 – 126.

钟海燕，冉茂盛，文守逊 . 2010. 国有控股、治理特征与公司投资 . 山西财经大学学报，8：87 – 94.

钟马，徐光华 . 2017. 社会责任信息披露、财务信息质量与投资效率——基于"强制披露时代"中国
上市公司的证据 . 管理评论，29（2）：234 – 244.

钟宏武 . 2007. 企业捐赠作用的综合解析 . 中国工业经济，2：77 – 85.

钟宏武，汪杰，黄晓娟 . 2018. 中国企业扶贫研究报告（2018）. 北京：经济管理出版社 .

周中胜，何德旭，李正 . 2012. 制度环境与企业社会责任履行：来自中国上市公司的经验证据 . 中国
软科学，10：59 – 68.

周中胜，罗正英，周秀园，沈阳 . 2017. 内部控制、企业投资与公司期权价值 . 会计研究，12：
38 – 44.

左停，杨雨鑫，钟玲 . 2013. 重塑贫困认知：主观贫困研究框架及其对当前中国反贫困的启示 . 贵州
社会科学，9：43 – 49.

Adams, R. H. 2004. Economic growth, inequality and poverty：Estimating the growth elasticity of poverty.
World Development，32（12）：1989 – 2014.

Benlemlih, M.，& M. Bitar. 2018. Corporate social responsibility and investment efficiency. *Journal of
Business Ethics*，148（3）：647 – 671.

Chen, Y. C.，M. Hung，& Y. Wang. 2018. The effect of mandatory CSR disclosure on firm profitability and social externalities: Evidence from China. *Journal of Accounting and Economics*, 65 (1): 169 – 190.

Cull, R. , L. Wei, S. Bo, & L. C. Xu. 2015. Government connections and financial constraints: Evidence from a large representative sample of Chinese firms. *Journal of Corporate Finance*, 32: 271 – 294.

Dhaliwal, D. , O. Li, A. Tsang, & G. Yang. 2011. Voluntary nonfinancial disclosure and the cost of equity capital, the initiation of corporate social responsibility reporting. *The Accounting Review*, 86 (1): 59 – 100.

Dittmar, A. , J. Mahrt-Smith, & H. Servaes . 2003. International corporate governance and corporate cash holdings. *Journal of Financial & Quantitative Analysis*, 38 (1): 111 – 133.

Fan, J. P. H. , T. J. Wong, & T. Zhang. 2013. Institutions and organizational structure: The case of state-owned corporate pyramids. *Journal of Law, Economics & Organization*, 29 (6): 1217 – 1252.

Hao, Y. , & J. Lu. 2018. The impact of government intervention on corporate investment allocations and efficiency: Evidence from China. *Financial Management*, 47 (2): 383 – 419.

Miller, K. , & G. Serafeim. 2014. Chief sustainability officers: Who are they and what do they do? . Working Paper.

Modigliani, F. , & M. H. Miller. 1959. The cost of capital corporation finance and the theory of investment. *The American Economic Review*, 48 (4): 443 – 453.

Montalvo, J. G. , & M. Ravallion. 2010. The pattern of growth and poverty reduction in China. *Journal of Comparative Economics*, 38 (1): 2 – 16.

Richardson, S. 2006. Over-investment of free cash flow. *Review of Accounting Studies*, 11 (2 – 3): 159 – 189.

Vogt, S. C. 1994. The role of internal financial sources in firm financing and investment decisions. *Review of Financial Economics*, 4 (1): 1 – 24.

Targeted Poverty Alleviation and Corporate Investment Efficiency

Yu Huang, Xiaobei Huang, Yunling Song, Jianing Lv

Abstract: Based on the hand-collected information from the annual reports and CSR reports disclosed by A-share companies from 2016 to 2017, we exam howthe targeted poverty alleviation impacts the corporate investment efficiency using a PSM-DID design, we find that the enterprises participated in the targeted poverty alleviation experience a decrease in investment efficiency, which is mainly driven by the increase in investment opportunities and loan resources, especially for the regions with less pressure to alleviate poverty or less-level government intervention. In addition, we find that the targeted poverty alleviation has positive impacts on corporate value, which implies that targeted poverty alleviation do not at the expense of shareholders. This paper analyzes how enterprises serve the public interest and how it will impact corporate investment. The results shed lights on the experience of poverty eradication and provide insights into the sustainability of poverty relief.

Keywords：Targeted Poverty Alleviation；Investment Efficiency；Reciprocity between Governments and Enterprises；Government Intervention

第 20 卷，第 2 辑，2021 年
Vol. 20 , No. 2 , 2021

会 计 论 坛
Accounting Forum

文化资本与企业创新*

——基于科举传统视角

章红霞　邵　悦　雷光勇

【摘　要】文化资本既是推动一国社会与经济发展的根本动力，也是寻找民族文化自信的关键所在。考察文化资本对企业创新的作用机理及其对各种类型企业的差异化影响，有助于解决中国经济与社会可持续发展的深层次问题。本文将以进士密度衡量的科举传统作为文化资本的替代变量，运用 2003~2017 年 A 股上市公司的数据，考察了文化资本和企业创新之间的内在关系。结果表明，文化资本确实可以促进当代中国企业的创新；进一步，这一结论在民营企业和高新技术行业中得到强化。最后，通过以董事长和总经理籍贯地进士密度衡量文化资本、排除人口流动的影响、以太平天国运动影响时长作为文化资本的工具变量、细化文化资本衡量方式等，对文化资本与企业创新之间的关系进行稳健性检验，发现本文结论仍然成立。本文结论不仅有助于我们正确地评价科举传统，挖掘传统文化资本的当代价值，而且有助于凝聚和提升民族文化自信，对推动中国经济与社会的可持续发展具有重要价值。

【关键词】文化资本；企业创新；科举传统

收稿日期：2021 - 06 - 12

基金项目：国家自然科学基金项目（71472041）；财政部全国会计名家工程（2017）；北京市教委 - 基地共建项目（2015 - 278）

作者简介：章红霞，女，对外经济贸易大学国际商学院博士研究生；邵悦（通讯作者），女，南京审计大学社会审计学院讲师，shaoyue8688@163.com；雷光勇，男，对外经济贸易大学国际商学院教授。

* 作者感谢匿名审稿人对本文的宝贵的意见，但文责自负。

一、引言

资本是推动经济与社会发展的重要力量。根据作用形式与影响范围不同，资本分为经济资本、社会资本和文化资本。各种不同类型资本之间可以相互转换，并以不同形式发挥不同作用。经济资本可直接转换成经济利益，社会资本可以转化为经济资本以获得发展效益，文化资本既可以直接转化成经济资本（布迪厄，1997），也可以转化成社会资本（仇立平和肖日葵，2011），以多种方式在社会与经济生活中发挥作用。可见，文化资本是国家经济与社会发展的重要推动力，是寻求创新、转变经济发展方式的重要支撑点，是发扬民族文化自信的靶点所在。

文化资本最早用于解释不同阶层学术成就的差异（布迪厄，1997）。狭义的文化资本主要关注中上阶层，是支配阶级所专属的、抽象的、正式的文化符码。随着文化资本内涵的扩大，狭义文化资本逐步向广义文化资本过渡。广义文化资本为社会各个群体所拥有，具有凝聚社会各阶层向心力的稳定作用，用以实现地位向上流动或防止地位下滑。但是，狭义和广义文化资本的研究领域，主要集中在中微观家庭层面（Dimaggio，1982；Teachman，1987；Katsillis and Rubinson，1990；Nan，Graaf and Kraaykamp，2000；李春玲，2003；Wu，2008）。Teachman（1987）发现，家庭氛围或家庭教育资源有助于教育资源的获取，Nan、Graaf 和 Kraaykamp（2000）也从家庭角度研究文化资本。鲜有从宏观层面关注文化资本对教育获得以及经济方面的影响。本文则从宏观层面考察文化资本的经济影响。

科举传统为我们考察宏观层面的文化资本提供了较好的制度场景。科举不仅使考试通过者获得显著的经济回报、劳役免除，而且重要的是让科举士子实现阶层跃升，由此科举成为配置社会资源的重要方式（Chen，Kung and Ma，2020）。正因如此，科举资源（名额），曾引发过较为剧烈的地区竞争，如科举历史上的南北榜之争等，而科举资源配置的公平性成为重要的文化传统。整体上，科举形成的文化传统可以满足布迪厄所提出文化资本的本质特征，是宏观文化资本较好的代理变量。科举本身是为了维护威权统治和选拔治理人才而创立的，以儒家经典为考试内容，延续了近 1300 年。然而，科举本身强烈的社会导向性，对传承重视教育理念、提升人力资本水平具有重大影响，从而科举传统形成的理念与做法，成为中国经济与社会发展中的重要文化要素。

研究表明，科举推行的近 1300 年中，中国先后约有 100 项科技成就，平均每 13 年就有 1 项。科举推行至明清两代时，科技成果骤减。科举推行之下创新成果逐步减少，与科举能促进当今人力资本水平提升（Chen，Kung and Ma，2020），进而有利于企业创新的推论相悖。那么，影响至今的科举传统对当代企业创新究竟是起到了促进作用还是抑制作用？如何辩证评价科举传统成为亟须解决的重要现实问题。本文旨在研究以科举传统衡量的区域文化资本对企业创新的影响，探求文化资本的经济作用机理，找到民族文化自信的经济与社会证据。

科举作为传统文化的内核要素，确实存在一些弊端。科举设立的初衷是选拔社会治理人才，而非科技创新人才；科举考试关注于儒家经典，偏向人文知识习得，忽视了自然科学知识的获取，且不断强化的考试规范，可能会抑制思维方式和意识形态的科学化发展；科举考试形式不断规范化（如考试文体的规范化），限制思想的拓展与发散，影响创新理念与创新意愿的形成。然而，科举可以强化重视教育的理念，提高民众的人文素养，提升发展必需的人力资本水平，积累交往中的社会资本，对形成积极向上和坚韧不拔的社会价值观，具有正向作用。正是科举的人文优势奠定了当代企业创新的传统基石。

为检验以科举传统衡量的文化资本对企业创新，究竟是起促进作用还是抑制作用，本文手工整理清朝进士籍贯信息。实证结果表明，以科举传统衡量的文化资本对企业创新确实具有促进作用；进一步研究发现，在民营企业和高新技术行业中，文化资本对企业创新的促进作用更为显著。为检验结论的稳健性，本文通过以董事长和总经理籍贯地进士密度衡量文化资本、排除人口流动的影响、以太平天国运动影响时长作为文化资本的工具变量、细化文化资本衡量方式等，实证检验了以科举传统衡量的文化资本促进企业创新这一结论的稳健性。

本文的贡献可能有以下几个方面。首先，现有对文化资本的研究主要集中在中微观层面，考察家庭文化资本对教育资源获得及生活方式的影响。本文从宏观角度，以当时社会权力主要来源的科举传统作为文化资本的代理变量，丰富了文化资本的内涵与研究视角，从新的维度展现了文化资本的功能价值。其次，本文拓展了企业创新影响因素相关文献，以往研究主要集中在公司治理（Beckerblease，2011；Balsmeier，Fleming and Manso，2016；石晓军和王骜然，2017；王营和张光利，2018；姚立杰和周颖，2018）、公司金融（Amore，Schneider and Zaldokas，2013；Chang，Fu and Low，2015；余琰和李怡宗，2016；陈思、何文龙和张然，2017；郝项超、梁琪和李政，2018）、地方行政治理（蔡晓慧和茹玉骢，2016；赵晶和孟维烜，2016）和文化多样性（潘越、肖金利和戴亦一，2017）等方面，本文从以科举传统衡量的文化资本角度考察企业创新，加深了对企业创新驱动力量的认识，为提升企业创新能力提供了新思路。最后，本文的研究具有重要现实意义，即以科举衡量的文化资本能够对微观企业行为产生积极的影响，彰显了中国五千年传统文化的持续生命力。在社会与经济改革过程中，如何正确理解中国传统文化的当代价值，以及如何延续和发挥中国传统文化的精神价值，从而促进社会与经济的持续发展是一个亟须解决的问题，本文的证据是对这一问题较好的呼应，同时也支持了自党的十八大以来多次提到的"文化自信"。

二、理论基础与研究假设

（一）理论基础

作为非正式制度的文化传统在经济与社会发展中的作用机制与效果，一直以来都是学界非常重视的研究领域。能够显化社会与经济发展成果的文化传统，可以提升文化传统所在国的国民对自身文化的自豪感、对自身文明的归属感，凝聚具有持久影响力的国家与社会发展源泉（亨廷顿，2017）。长期以来，文化传统与经济和社会发展之间的关系，在获得广泛关注与研究的同时，也引起过较多争议，既涉及文化传统与经济发展之间的内生性问题，也涉及研究视野与视角问题。越来越多的学者将文化因素嵌入经济增长模型中（Cheng，2006；Bucci，Sacco and Segre，2014；Reeves and De Vries，2019）。研究发现，文化传统确实可以推动人力资本水平的提升（Blessi，Tremblay and Sandri et al.，2012；Bucci，Sacco and Segre，2014）、社会资本的形成与积累（Blessi，Tremblay and Sandri et al.，2012；Reeves and De Vries，2019）；引导开放思想，将创造力转换成社会生产力，助推经济资本作用的深层次发挥（Cheng，2006；Bucci，Sacco and Segre，2014）等，以至于文化传统进而文化资本本身成为当今经济与社会发展的一个关键因素。上述结论具体到中国特殊的文化传统情境中能够仍然成立吗？曾经被认为可能阻碍中国经济与社会发展的科举传统，仍然只是对中国经济与社会发展具有负面效应吗？文化资本视角或许可以为我们理解科举传统的经济治理效应提供全新的场景。

文化资本最早用于解释不同阶层学术成就的差异（布迪厄，1997），随后产生的狭义和广义文化资本研究大多集中于中微观家庭层面（Dimaggio，1982；Teachman，1987；Katsillis and Rubinson，1990；Nan，Graaf and Kraaykamp，2000；李春玲，2003；Wu，2008），也有学者将文化资本扩展到宏观层面，如文化产业和文化遗产。由此，文化资本既是社会各个群体向上发展的重要资本，也是国家、区域发展的重要推动力量。究其本源，文化资本的以下特征发挥了重要作用。首先，代际文化传播的途径是知识共享。无论是中微观层面的家庭，还是宏观层面的国家或区域，都有其文化传播途径。Teachman（1987）发现，父母通过营造家庭氛围或使用家庭教育资源等途径分享知识，培养子女的学术技能、动机。Nan、Graaf 和 Kraaykamp（2000）发现父母的阅读习惯对子女成绩产生了显著性的影响。毫无疑问，代际知识共享是文化资本保持和积累的关键因素，知识共享也是文化资本的重要特征。其次，文化资本能够对教育机会或教育成绩获取产生显著性影响（Teachman，1987；Nan，Graaf and Kraaykamp，2000；李春玲，2003；Wu，2008），其再生产进一步促进群体知识水平的保持和提升，对提升整体人力资本水平具有显著的保障作用。因此，文化资本另一重要特征是提升人力资本水平。最后，文化资本在代际传递过程中将主流社会价值观不断传承下去。狭义文化资本研究过程中将社会中所信仰的高雅文化作为评价标准（Dimaggio，1982；Katsillis and Rubinson，1990），广义文化资本研究范围扩展到其他国家，此时教育成就成为社会评价标准（Teachman，1987；Nan，Graaf and Kraaykamp，2000；Wu，2008）。不管是狭义还是广义文化资本，都有助于社会价值观的传播与共享，形成一个民族发展的独特风景线。

文化资本的上述特征同样为中国文化传统所具有。中国文化传统注重优秀理念及知识的发扬光大，提升社会发展所需的人力资本水平，促进正向社会价值观的传承。一般而言，中国文化传统掌握着促进社会进步的重要资源，也是当时社会权力的主要根源，具有宏观文化资本的主要特征。由此，文化传统演化为文化资本的重要组成内核。现有对文化资本的研究涉及中微观家庭（仇立平和肖日葵，2011；李春玲，2003；Reeves and De Vries，2019）、个人（Wdowiak，Schwarz and Wright，2012）以及理论推导（Bucci，Sacco and Segre，2014）等视角，鲜少涉及宏观层面。中国文化传统为我们从宏观、长期的历史传统视角，考察文化资本的经济后果提供了重要场景。

中国文化传统中，延续1300年的科举传统是典型代表。Chen、Kung 和 Ma（2020）在考察科举的长期影响时发现，通过科举考试进入士绅阶层存在诸多益处。经济上，士绅至少能获得普通人16倍的收入；社会与政治上，即便是最低级的生员也可免于劳役、民税和肉刑，进士和举人更能获得庙宇提名等精神上的荣誉。更重要的是，参加科举可以获得实现整个家族社会地位提升的机会。尽管科举的弊端不可忽视，但科举能够促进儒家知识共享，提高社会民众的人文素养，其特有的激励效应有助于形成、弘扬积极向上和坚持不懈等优秀民族品格，从而构成中国经济与社会发展的重要文化资本。

作为文化资本的科举及其形成的文化传统有着明显特色。这些特点的长久影响共同作用于当今社会的经济发展与微观企业行为。科举曾以相对公平公正的方式，为普通民众提供改变其社会阶层的机会，形成"朝为田舍郎，暮登天子堂"的强式激励机制，增强了人口流动性，为社会发展注入了新鲜血液。在持续千百年的过程中，科举所形成的重视教育和学习文化知识的理念，至今仍然存在持久影响（Chen，Kung and Ma，2020），对整个社会的人力资本水平提升产生了深远影响。同时，漫长的科举旅程也促进了积极向上人生态度的形成和坚韧不拔品格的养成，它们成为重要的社会价值观和民族财富。科举在考试内容和考试形式方面的弊端，在其完善和发展过程中暴露出来。考试内容方面由唐朝时期以诗赋形式考察士子知识水平，发展到宋朝时期以四书五经等作为考试项目，最后到明清时期关注程朱理学的儒家经典，考试范围不断缩小，这必然限制了人与自然界的亲近与对科学知识的探索，使得中国在自然科学方面发展落后。同时考试方式不断僵化，由唐朝自由格式的诗赋至明清时期的八股文。科举在考试内容和考试方式僵化的过程中限制了士子思维方式和意识形态的发展，不利于自然科学思维的培育与科学技术的发展。

（二）研究假设

在中国独特的经济与社会发展背景中，具有悠久历史积淀的科举制度及其所形成的科举传统，对中国民众的教育理念、人力资本积累、人口流动等产生了深远影响，这些要素所形成的文化资本成为当代企业创新不可或缺的基因传统。一方面，企业创新的不确定性较强、持续时间较长，对创新者的洞察力与毅力品格要求较高，科举传统通过促进全民教育理念，形成积极向上的人生态度，客观上塑造着创新者的洞察能力与毅力品格，同时不断积累的社会资本也具有经济价值，从多个方面促进企业创新的意愿与行为；另一方面，科举传统形成的唯书、唯上意识以及自然科学思维匮乏等，则可能限制企业创新的意愿与行为。可见，科举传统对企业的创新产生不同方向的影响。基于不同的逻辑推理产生了不同的预期，本文基于"抑制效应"和"促进效应"两个角度，提出研究假说。

若以科举传统衡量的文化资本能够有效促进企业创新显著增加，则我们可以合理预期。

第一，科举制度延续了近1300年，它将个人利益、家族利益和国家利益紧密地统一，鼓励为提升个人和家族社会阶层和社会地位，不断学习文化知识。无疑，这对推动地方重视教育理念具有良好的作用。显然，这一影响千年的重视教育的传统理念，并不会因为科举制度的废除而受到影响，仍然会促进当代地方重视个人教育，推动地方高素质人才的培养，促进文化资本的巩固与积累，提升企业创新实力，促进企业的创新意愿与行为。

第二，科举是当时人力资本回报率较高的方式（Shiue，2017），以其高回报率受到了个人乃至整个家族的强烈支持，加深了对文化知识的学习，这一理念不断被传承，对当代人力资本水平提高仍然具有强大的推动作用（Chen，Kung and Ma，2020），从而促进了区域人力资本水平的提高，即不断积累的文化资本促进了人力资本水平的提升。人力资本是企业创新的重要影响因素（刘剑雄，2008；刘善仕、孙博和葛淳棉，2017），由此可以推论，以科举传统衡量的文化资本，确有可能推动企业的创新行为。

第三，科举是个人和家族改变社会阶层和提升社会地位的重要方式。通过科举考试可进入士绅阶层，免除税赋压力，并获得实际的经济利益。通过童试，即可实现社会阶层的改变，体现了文化资本流动的特点，不断地通过乡试、会试和殿试是维护士绅阶层政治、社会和经济利益的重要举措，体现了文化资本所具有的再生产特点。随着社会与经济发展，高考、考研等各级考试制度巩固了以科举制度为代表的文化资本的再生产和流动功能，不仅为企业增加新的创新人员，而且增强现有创新人员不断学习的动力，增强劳动力的多样性和实力，为企业创新提供更多的想法、构念，从而可以全面提升企业的创新能力。

第四，科举以制度形式有效地促进了知识传播，同时促进了社会资本积累。士子为晋升士绅阶层，不论出身如何，皆以学习以儒家经典为代表的文化知识为主要任务，积累知识与提升学习能力，这些塑造着中国民众群体性的沟通能力与协调能力。科举推行上千年成为稳定的人才选拔制度安排，社会认可度逐步提升，为个人积累社会资本提供了重要保障。可见，文化资本是实现社会资本积累的重要形式（Blessi, Tremblay and Sandri et al.，2012；Reeves and De Vries，2019），而社会资本为企业发展、壮大提供了机会（边燕杰和丘海雄，2000），为企业创新提供了更多的资源，促进了企业创新发展。

第五，推行千年的科举导致形成了整个民族积极向上的态度和坚韧不拔的品格，这种向上价值观的基因塑造有利于不确定性较强、持续时间较长的企业创新。中国幅员辽阔，人口众多，科举入仕名额相对较少，使得一些士子终其一生致力于科举考试，参加考试的士子中有稚气未脱的翩翩少年，也有头发斑白的垂垂老翁。受到儒家思想的劝诫，相信"故天将降大任于斯人也，必先苦其心志，劳其筋骨，饿其体肤，空乏其身，行拂乱其所为，所以动心忍性，曾益其所不能"，乐观向上和坚持不懈，这种积极向上的人生观在历史进程中得到传承，并成为中国人的固有文化基因。而这一价值观显然对于不确定性较强、持续时间较长的企业创新至关重要，促进了企业创新的愿意与行为。

H1a 受科举传统影响较大的区域文化资本较为丰厚，有可能会促进企业的创新愿意与行为。

若以科举传统衡量的文化资本对企业创新存在"抑制效应"，则有以下合理预期。

第一，科举是以选拔有利于地方治理的人才作为主要目的，并非旨在选拔创新人才，前者重在守规与谨慎，后者重在突破与发散。尽管这一文化传统在传承中曾促进过国家治理与社会治理人才的培养，但仍然偏重于以人文治理人才培育与选拔为主要目标，并将科技的创新视为"奇技淫巧"，事实上抑制了科技创新思维与创新意愿的培育，从而可能阻碍企业创新意愿的形成与实际创新行为的发生。

第二，科举考试内容没有适应时代发展要求，未能与时俱进。科举以儒家经典作为主要考试内容在前期适应国家治理及发展要求。但是，至清朝末期，科举并没有适应工业革命发展潮流，无助于传播自然科学知识，而是走入考试内容不断规范化的死胡同中，限制了重视自然科学的思维方式和意识形态的形成，是现代自然科学落后的原因之一。即使是在当代发展过程中重视自然科学，暂时的落后也会影响到企业从事创新活动。

第三，科举考试形式逐步僵化，限制自然科学思维培育。科举考试形式由唐朝自由格式的诗赋发展至明清时期的八股文，考试形式不断受到约束。明清时期的八股文对内容有较多限制，限制了丰富内容的出现。这一形式僵化限制了中国科技创新意识与意愿的萌芽，阻碍了创新意愿的形成与实际行为的发生。

H1b 受科举制度影响较大的区域文化资本较为丰厚，可能会抑制企业的创新愿意与行为。

三、研究设计

（一）样本选择和数据来源

本文以 2003～2017 年所有 A 股上市公司为研究对象，进行如下筛选：（1）剔除 ST 和 *ST 的上市公司；（2）删除金融业上市公司。最终得到 19640 个样本，本文手工整理了清朝进士及其籍贯信息，其余数据来源于 CSMAR 数据库、WIND 数据库和 CEIC 数据库。本文对模型中所有连续变量进行上下 1% 的缩尾处理，由于企业创新数据以 0 为下限，本文采用 Tobit 模型进行估计。

（二）模型设定和变量说明

1. 因变量

企业创新（*Innovation/Innovation_Yr*）：本文使用 CSMAR 数据库中上市公司研发创新数据，基于上市公司专利申请量自然对数（*Innovation*）和上市公司专利授权量自然对数（*Innovation_Yr*）衡量企业创新。需要说明的是，本文借鉴 Adhikari 和 Agrawal（2016）以及潘越、肖金利和戴亦一（2017）的研究，选择上市公司母公司申请和授权的专利数，上市公司子公司申请和授权的专利数忽略不计，缺失的数据以 0 替代。

2. 自变量

文化资本（*Density*）：在前文已经论证过，科举传统是文化资本较好的代理变量。科举分为童试、乡试、会试和殿试，若在各级别的考试中高中，则分别成为秀才、举人、贡士和进士，四个级别命中率逐级下降，进士最能反映地区科举制度的影响程度以及发展程度。借鉴 Chen、Kung 和 Ma（2020），本文根据《明清进士题名碑录索引》，手工整理了清朝各地区进士密度（数量）情况，作为各地级市文化资本的衡量指标。

3. 控制变量

（1）地区层面控制变量。借鉴潘越、肖金利和戴亦一（2017），Bena 和 Li（2014）以及 Chang、Fu 和 Low（2015）的研究，控制了地级市经济发展水平和交通便利程度，选取 *LnPerGDP* 和 *PerRoad* 作为衡量指标。为更清楚地观察文化资本对现代企业创新的影响，本文还控制了各地级市现在的教育和人口流动情况。当代中国教育制度更多地吸收了东西方教育发展的优势，更有利于现代科技发展。因此，本文控制了地级市的文盲率（*Illi*）、高等学校数量（*High*）、中学学校数量（*Middle*）和小学学校数量（*Primary*），其中文盲率 2010 年以前采用全国第五次人口普查数据，2010 年及以后采用全国第六次人口普查数据，高等、中学和小学学校数量来源于 CEIC 数据库。现代经济发展过程中人口大规模迁徙也是影响企业创新的重要因素（潘越、肖金利和戴亦一，2017），本文控制了人口净流入（*Npi*），其中 2010 年以前采用全国第五次人口普查数据，2010 年及以后采用全国第六次人口普查数据。

（2）公司层面控制变量。借鉴以往研究，公司层面的控制变量包括研发支出（*LnRd*）、公司规模（*LnAsset*）、资产负债率（*Lev*）、总资产周转率（*TAT*）、盈利能力（*ROA*）、第一大股东持股比例（*Top*1）、政府补助（*LnGovSub*）、年龄（*FirmAge*）、发展能力（*TobinQ*）、民营企业（*Private*）以及高新技术行业（*HighInd*），除年龄、民营企业和高新技术行业之外，其余公司层面的控制变量，均采用前一期值。

（3）行业、年份和省份固定效应。本文在控制变量中还加入了行业、年份和省份虚拟变量。

具体变量及其说明详见表 1。

表 1　变量及其说明

变量符号	变量名称	变量说明
Innovation	申请专利数	ln（1 + 申请专利数）
Innovation_Yr	授权专利数	ln（1 + 授权专利数）
Density	文化资本	ln（1 + 进士数量）
PerRoad	公路里程	单位面积的公路里程
LnPerGDP	人均 GDP	ln（1 + 地级市人均 GDP）
Npi	人口净流入	地级市的人口净流入数量
Illi	文盲率	地级市的文盲率
High	高等学校数量	ln（1 + 高等学校数量）
Primary	小学学校数量	ln（1 + 小学学校数量）
Middle	中学学校数量	ln（1 + 中学学校数量）

变量符号	变量名称	变量说明
$LnRd$	研发支出	$\ln(1 + 研发支出)$
$LnAsset$	公司规模	$\ln(1 + 总资产)$
Lev	资产负债率	负债/资产
TAT	总资产周转率	营业收入/总资产
ROA	盈利能力	净利润/总资产
$Top1$	第一大股东持股比例	公司第一大股东持股比例
$LnGovSub$	政府补助	$\ln(1 + 政府补助)$
$FirmAge$	年龄	$\ln(1 + 当前年份 - 成立年份)$
$TobinQ$	发展能力	托宾 Q 值
$Private$	民营企业	民营企业取值为 1,否则为 0
$HighInd$	高新技术行业	高新技术行业取值为 1,否则为 0

由此,为验证本文提出的假设,我们设置了如下实证模型:

$$
\begin{aligned}
Innovation/Innovation\_Yr_{i,j,t} =\ & \alpha_0 + \alpha_1 Density_j + \alpha_2 PerRoad_{j,t} + \alpha_3 LnPerGDP_{j,t} + \alpha_4 Npi_{j,t} \\
& + \alpha_5 Illi_{j,t} + \alpha_6 High_{j,t} + \alpha_7 Middle_{j,t} + \alpha_8 Primary_{j,t} + \alpha_9 LnRd_{i,j,t-1} \\
& + \alpha_{10} LnAsset_{i,j,t-1} + \alpha_{11} Lev_{i,j,t-1} + \alpha_{12} TAT_{i,j,t-1} + \alpha_{13} ROA_{i,j,t-1} \\
& + \alpha_{14} TOP1_{i,j,t-1} + \alpha_{15} LnGovSub_{i,j,t-1} + \alpha_{16} FirmAge_{i,j,t} + \alpha_{17} TobinQ_{i,j,t-1} \\
& + \alpha_{18} Private_{i,j,t} + \alpha_{19} HighInd_{i,j,t} + \varepsilon_{i,j,t}
\end{aligned}
$$

$$(1)$$

其中,i 表示公司,j 表示地级市,t 表示年份。

四、实证结果

(一)描述性统计结果

表 2 汇报了描述性统计结果。从中可以发现,$Innovation$ 的均值为 1.21,但中位数为 0,第 75 百分位数为 2.40,第 90 百分位数为 3.47;$Innovation\_Yr$ 的均值为 0.69,中位数为 0,第 75 百分位数为 1.10,第 90 百分位数为 2.71;$Density$ 的均值为 4.53,第 25 百分位数为 3.26,第 50 百分位数为 4.93,第 75 百分位数为 5.67,第 90 百分位数为 6.45。从这一结果可以看出,$Density$ 的变化水平与 $Innovation$ 的变化水平一致,以进士密度为代表的科举传统的影响力可能促进了企业创新发展。为检验结果的一致性,我们进行了相关系数检验,发现 $Density$ 与 $Innovation$ 的相关系数为 0.069,$Density$ 与 $Innovation\_Yr$ 的相关系数为 0.081,均在 1% 的水平下显著。

表 2　变量的描述性统计

变量	均值	标准差	第 25 百分位数	第 50 百分位数	第 75 百分位数	第 90 百分位数
Innovation	1.21	1.48	0.00	0.00	2.40	3.47
Innovation_Yr	0.69	1.19	0.00	0.00	1.10	2.71
Density	4.53	1.56	3.26	4.93	5.67	6.45
PerRoad	1.19	0.44	0.84	1.22	1.49	1.81
LnPerGDP	10.95	0.66	10.57	11.05	11.41	11.73
Npi	0.80	0.40	1.00	1.00	1.00	1.00
Illi	4.31	2.75	2.33	3.69	6.15	8.03
High	2.89	1.08	2.08	2.71	3.93	4.23
Primary	6.32	0.67	5.84	6.35	6.85	7.17
Middle	5.67	0.59	5.32	5.68	6.05	6.63
LnRd	1.95	5.29	0.00	0.00	0.00	14.66
LnAsset	21.77	1.19	20.90	21.61	22.43	23.39
Lev	0.44	0.20	0.29	0.45	0.60	0.71
TAT	0.66	0.45	0.36	0.55	0.82	1.22
ROA	0.04	0.05	0.01	0.04	0.06	0.10
Top1	0.37	0.15	0.25	0.35	0.48	0.59
LnGovSub	12.01	6.99	10.58	15.34	16.59	17.69
FirmAge	2.64	0.39	2.40	2.71	2.94	3.09
TobinQ	2.04	1.82	0.84	1.48	2.56	4.24
Private	0.49	0.50	0.00	0.00	1.00	1.00
HighInd	0.04	0.19	0.00	0.00	0.00	0.00

表 3 报告了分样本企业创新水平方面的组间差异。我们按照进士密度的均值和中位数进行分组，分成进士密度较低组和进士密度较高组，通过组间差异检验发现进士密度较高组中的 Innovation 和 Innovation_Yr 普遍高于进士密度较低组。

表 3　分样本描述性统计结果的组间差异

变量	进士密度较高		进士密度较低		差异检验	
	均值	中位数	均值	中位数	均值	中位数
Innovation	1.26	1.26	1.12	1.14	0.14***	0.12***
Innovation_Yr	0.75	0.75	0.60	0.62	0.15***	0.13***

注：***、**和*分别表示在 1%、5% 和 10% 的水平下显著，下文同。

（二）回归结果

表 4 列示了以科举传统衡量的文化资本与企业创新之间关系的回归结果。结果显

示，文化资本的代理变量 *Density* 的回归系数为正，均通过显著性检验（1% 的水平）。这说明，在控制地区层面和公司层面变量后，以进士密度衡量的文化资本对企业创新具有"促进效应"，回归结果验证了文化资本能够促进企业创新这一结论。这说明了科举传统增强了当代重视教育的理念，促进人力资本水平提高，增强了文化资本的再生产和流动性，为社会资本积累提供了重要途径，这些共同作用会促进企业创新能力提高。

表 4 以科举传统衡量的文化资本与企业创新

变量	（1） *Innovation*	（2） *Innovation_Yr*
Density	0. 075 ***	0. 108 ***
	(5. 58)	(6. 60)
PerRoad	0. 071	0. 074
	(1. 51)	(1. 26)
LnPerGDP	0. 694 ***	0. 539 ***
	(12. 37)	(7. 82)
Npi	- 0. 171 ***	- 0. 219 ***
	(- 3. 04)	(- 3. 21)
Illi	0. 036 ***	0. 006
	(4. 16)	(0. 55)
High	- 0. 200 ***	- 0. 171 ***
	(- 7. 73)	(- 5. 44)
Primary	0. 156 ***	0. 086
	(3. 59)	(1. 58)
Middle	0. 043	- 0. 087
	(0. 87)	(- 1. 45)
LnRd	0. 020 ***	0. 010 ***
	(6. 83)	(2. 64)
LnAsset	0. 371 ***	0. 355 ***
	(19. 06)	(15. 66)
Lev	- 1. 015 ***	- 1. 003 ***
	(- 9. 18)	(- 7. 51)
TAT	0. 342 ***	0. 376 ***
	(8. 31)	(7. 92)
ROA	4. 591 ***	4. 319 ***
	(11. 01)	(8. 43)
*Top*1	- 0. 343 ***	- 0. 356 ***
	(- 3. 01)	(- 2. 59)

续表

变量	(1) Innovation	(2) Innovation_Yr
LnGovSub	0.062 *** (11.57)	0.047 *** (8.08)
FirmAge	−0.757 *** (−15.75)	−0.707 *** (−12.64)
TobinQ	−0.033 ** (−2.50)	−0.026 (−1.41)
Private	0.095 ** (−2.48)	0.127 *** (−2.80)
HighInd	1.121 (0.62)	0.694 (0.39)
_cons	1.801 *** (127.63)	1.784 *** (100.52)
行业	控制	控制
年份	控制	控制
省份	控制	控制
N(个)	19640	19640
Pseudo_R^2	0.2207	0.3094

注：括号中为 t 值，下文同。

（三）分样本讨论

1. 基于产权性质的讨论

已有研究表明，民营企业面临的融资约束较大（林毅夫和李永军，2001；卢峰和姚洋，2004；Allen，Qian and Qian，2005），而合适的非正式机制是促进民营经济腾飞、改善民营企业经营状况的重要方式，如基于关系、名誉和信任的替代机制（Allen，Qian and Qian，2005）。边燕杰和丘海雄（2000）研究发现，政治关系、社会关系等社会资本是家族式民营企业发展的重要资源。在发展资源得到保障的情况下，相比于国有企业，民营企业高管更有动力从事创新工作（张璇、刘贝贝和汪婷，2017）。那么，作为重要非正式制度的文化资本，是如何引导民营企业创新的呢？对企业创新的影响如何表现？结合本文逻辑，首先，相较于国有企业关注社会和政治目标，民营企业更关注经济目标的实现，如利润最大化等，吸纳高素质人才，提升人力资本水平，促进创新发展；其次，民营企业灵活的人才选拔方式，更有利于积累社会资本，寻求经营发展方式多样化，降低融资约束程度，促进创新发展；最后，区别于国有企业集权式的金字塔结构，民营企业组织形式更加灵活，有利于开放思维和意识形态的培养，有利于促进创新发展。基于以上分析，本文认为在民营企业中以科举传统衡量的文化资本对企业创新更有促进作用。

为证实以上分析，本文将企业划分为民营企业和非民营企业，表 5 中第（1）、第（2）列给出了相关回归结果。*Density* 和 *Private* 的交乘项回归系数显著为正，说明相较于国有企业，在民营企业中以科举传统衡量的文化资本对企业创新更有促进作用。

表5　分样本回归结果

变量	产权性质		所在行业	
	（1）*Innovation*	（2）*Innovation_Yr*	（3）*Innovation*	（4）*Innovation_Yr*
Density	0.0841 ***	0.1067 ***	0.0488 **	0.0784 ***
	（4.10）	（4.11）	（2.52）	（3.24）
Density × Private	0.1031 ***	0.0699 ***		
	（4.76）	（2.71）		
Private	0.4047 ***	0.2258 *		
	（3.82）	（1.77）		
Density × HighInd			0.2117 ***	0.2086 **
			（2.62）	（2.09）
HighInd			0.2166	-0.1836
			（0.12）	（-0.10）
其他变量	控制	控制	控制	控制
行业	控制	控制	控制	控制
年份	控制	控制	控制	控制
省份	控制	控制	控制	控制
N（个）	19640	19640	19640	19640
Pseudo_R^2	0.2262	0.3145	0.2259	0.3144

2. 基于所在行业的讨论

技术创新是高新技术行业发展的核心竞争力，创新人才的开放思想和意识形态对企业创新至关重要（潘越、肖金利和戴亦一，2017），与之有关的组织结构、运营模式和员工知识结构应运而生，皆有利于企业创新。那么，在这种更适应现代经济发展的高新技术环境中，以科举传统衡量的文化资本对企业创新的促进作用是否发生变化？基于本文逻辑，一方面，科举传统导致形成的重视知识的理念在高新技术行业中得到运用，企业赖以生存的人力资本得到积累，企业创新能力得到加强；另一方面，科举传统导致形成的社会阶层的流动为企业发展注入了新鲜血液，有利于成员之间相互交流和创新想法产生，有利于成员创新能力提高，文化资本再生产和流动功能得到强化。

基于以上分析,高新技术行业能够强化以科举传统衡量的文化资本对企业创新的促进作用。

为验证以上分析,本文根据《上市公司行业分类指引》将行业分为高新技术行业和非高新技术行业。将电子业、医药生物制品业、信息技术业、化学纤维制造业、化学原料及化学制品制造业、仪器仪表及文化和办公用机械制造业等行业确定为高新技术行业,其他划分为非高新技术行业。表 5 中第（3）、第（4）列给出了相关估计结果,*Density* 和 *HighInd* 的交乘项回归系数通过显著性检验,这一结果与本文的预测相符,说明以科举传统衡量的文化资本对企业创新的促进作用在高新技术行业中得到强化。

（四）稳健性检验

1. 以董事长和总经理籍贯地进士密度衡量文化资本

为检验本文结论的稳健性,我们手工收集董事长和总经理籍贯地的进士密度,以董事长籍贯地进士密度衡量的文化资本共获得了 8465 个样本,以总经理籍贯地进士密度衡量的文化资本共获得了 4608 个样本,表 6 中 Panel A 和 Panel B 分别汇报了以董事长和总经理籍贯地进士密度衡量的文化资本的回归结果,均通过显著性检验（1% 或 5% 的水平）。说明文化资本能够促进企业创新。

表 6 董事长和总经理籍贯地进士密度

Panel A:董事长

变量	(1) *Innovation*	(2) *Innovation_Yr*
Density_D	0.041 **	0.062 ***
	(2.55)	(3.05)
其他变量	控制	控制
行业	控制	控制
年份	控制	控制
省份	控制	控制
N(个)	8465	8465
Pseudo_R^2	0.2106	0.3216

Panel B:总经理

变量	(1) *Innovation*	(2) *Innovation_Yr*
Density_Z	0.061 ***	0.065 **
	(2.90)	(2.51)

续表

Panel B：总经理		
其他变量	控制	控制
行业	控制	控制
年份	控制	控制
省份	控制	控制
N（个）	4608	4608
Pseudo_R^2	0.2157	0.3370

2. 排除人口流动的影响

人口流动是影响文化传承的重要变量。为排除人口流动的影响，我们在基本回归中加入人口流动率（*POPU_RATE*）作为控制变量。其中 *POPU_RATE* 的计算以 1990 年人口作为基准，通过增长率计算预测人口，人口流动率为实际人口除以预测人口。表 7 列示了回归结果，结果显示，*Density* 的回归系数为正，通过显著性（1% 的水平）检验，支持文化资本能够促进企业创新这一假设。

表 7　排除人口流动的影响

变量	（1） *Innovation*	（2） *Innovation_Yr*
Density	0.079 ***	0.115 ***
	(5.58)	(6.64)
POU_RATE	0.308	−0.466 *
	(1.36)	(−1.68)
其他变量	控制	控制
行业	控制	控制
年份	控制	控制
省份	控制	控制
N（个）	19640	19640
Pseudo_R^2	0.2201	0.3094

3. 以太平天国运动影响时长作为工具变量

为保证实证研究的效度和信度，本文寻找新的工具变量度量科举传统。鸦片战争后，西方强国从政治与经济等方面全面影响中国，战争赔款更是加重了农民的税收负担，倾销的外国商品破坏了中国传统的经济，地主兼并土地，导致阶级矛盾加深，广大农民发动起义。其中，太平天国运动最为著名。深受科举影响的洪秀全等太平天国领袖，借助西方思想成立上帝会，开展了太平天国运动。太平天国运动是西方思想刺激下中国的一大实践。因此，本文选择太平天国对各地区的影响时长，作为以科举传统衡量的文化资本的工具变量，*Influ_TP* 表示各地级市受太平天国运动影响时长。

表 8 列示了以太平天国运动影响时长作为工具变量的回归结果。结果显示，文化资本的代理变量 *Density* 的回归系数为正，均通过显著性的检验（1% 的水平），说明以科举传统衡量的文化资本对企业创新具有显著的促进作用。

表 8　以太平天国运动影响时长作为工具变量

变量	（1） *Density*	（2） *Innovation*	（3） *Innovation_Yr*
Influ_TP	0.0433 *** (21.97)		
Density		0.3145 *** (3.56)	0.3689 *** (3.48)
控制变量	控制	控制	控制
行业	控制	控制	控制
年份	控制	控制	控制
省份	控制	控制	控制
N（个）	19640	19640	19640
Pseudo_R^2	0.4836	0.2203	0.3086

4. 细化文化资本衡量方式

面对士绅阶层所拥有的社会、政治和经济等方面的优势，提升社会阶层是普通民众所向往的。部分地区由于社会、经济和交通不发达等原因取得进士称号的人数相对较少，但是暂时的落后加大了民众内心的渴望——努力改善地区社会、经济和交通发展条件。与此同时，不同时期进士密度发生不同程度的变化。由此，第一，我们借鉴 Chen、Kung 和 Ma（2020）分年度细化文化资本，按照每 50 年为一个子样本对进士密度进行划分，并对每个子样本分别进行回归。我们将进士密度划分成 10 个子样本，时间范围分别是 1371～1450 年、1451～1500 年、1501～1550 年、1551～1600 年、1601～1650 年、1651～1700 年、1701～1750 年、1751～1800 年、1801～1850 年和 1851～1904 年。第二，我们分朝代细化文化资本，将自变量通过明清两个朝代进士密度衡量。回归结果见表 9、表 10 和表 11。回归结果显示，文化资本的代理变量 *Density* 的回归系数总体上显著为正。

— 158 —

表 9　分年度细化文化资本：*Innovation*

变量	1371~1450 年	1451~1500 年	1501~1550 年	1551~1600 年	1601~1650 年
Density	0.027 **	0.020 *	0.012	0.025 *	0.049 ***
	(2.19)	(1.67)	(0.98)	(1.86)	(3.80)
其他变量	控制	控制	控制	控制	控制
行业	控制	控制	控制	控制	控制
年份	控制	控制	控制	控制	控制
省份	控制	控制	控制	控制	控制
N(个)	19640	19640	19640	19640	19640
Pseudo_R^2	0.2202	0.2202	0.2202	0.2202	0.2204
变量	1651~1700 年	1701~1750 年	1751~1800 年	1801~1850 年	1851~1904 年
Density	0.087 ***	0.076 ***	0.059 ***	0.077 ***	0.051 ***
	(6.61)	(5.45)	(4.63)	(5.61)	(3.65)
其他变量	控制	控制	控制	控制	控制
行业	控制	控制	控制	控制	控制
年份	控制	控制	控制	控制	控制
省份	控制	控制	控制	控制	控制
N(个)	19640	19640	19640	19640	19640
Pseudo_R^2	0.2209	0.2206	0.2205	0.2207	0.2204

表 10　分年度细化文化资本：*Innovation_Yr*

变量	1371~1450 年	1451~1500 年	1501~1550 年	1551~1600 年	1601~1650 年
Density	0.037 **	0.036 **	0.025	0.040 **	0.068 ***
	(2.44)	(2.39)	(1.64)	(2.46)	(4.34)
其他变量	控制	控制	控制	控制	控制
行业	控制	控制	控制	控制	控制
年份	控制	控制	控制	控制	控制
省份	控制	控制	控制	控制	控制
N(个)	19640	19640	19640	19640	19640
Pseudo_R^2	0.3085	0.3085	0.3084	0.3085	0.3088
变量	1651~1700 年	1701~1750 年	1751~1800 年	1801~1850 年	1851~1904 年
Density	0.107 ***	0.104 ***	0.076 ***	0.106 ***	0.092 ***
	(6.58)	(6.06)	(4.87)	(6.41)	(5.31)
其他变量	控制	控制	控制	控制	控制
行业	控制	控制	控制	控制	控制
年份	控制	控制	控制	控制	控制
省份	控制	控制	控制	控制	控制

续表

变量	1651~1700 年	1701~1750 年	1751~1800 年	1801~1850 年	1851~1904 年
Density	0.107 ***	0.104 ***	0.076 ***	0.106 ***	0.092 ***
	(6.58)	(6.06)	(4.87)	(6.41)	(5.31)
N（个）	19640	19640	19640	19640	19640
Pseudo_R^2	0.3093	0.3092	0.3089	0.3093	0.3090

表 11　分朝代细化文化资本

变量	明		清	
	Innovation	*Innovation _Yr*	*Innovation*	*Innovation _Yr*
Density	0.026 **	0.044 ***	0.075 ***	0.108 ***
	(2.41)	(3.27)	(5.58)	(6.61)
其他变量	控制	控制	控制	控制
行业	控制	控制	控制	控制
年份	控制	控制	控制	控制
省份	控制	控制	控制	控制
N（个）	19640	19640	19640	19640
Pseudo_R^2	0.2202	0.3086	0.2207	0.3094

5. 因变量子样本

在因变量的处理中，我们对缺失的数据使用 0 替代，为检验这一处理方式的合理性，我们对上市公司申请和授权的专利数明确的子样本进行检验，即删掉所有存在缺失值的样本，表 12 列示了回归结果。结果显示，*Density* 的回归系数为正，通过显著性（1% 和 5% 的水平）检验，支持文化资本能够促进企业创新这一假设。

表 12　因变量子样本

变量	(1) *Innovation*	(2) *Innovation _Yr*
Density	0.029 **	0.052 ***
	(2.41)	(3.53)
其他变量	控制	控制
行业	控制	控制
年份	控制	控制
省份	控制	控制
N（个）	11859	11859
Pseudo_R^2	0.0847	0.2977

五、研究结论与意义

人类积累形成的各种资本是推动经济与社会发展的重要力量。在资本的三种类型中，文化资本往往是一个国家社会与经济发展的根本动力，是寻求创新经济发展方式的重要关注点。探求文化资本的经济作用机制，找到民族文化自信的经济与社会支撑证据是重中之重。科举制度作为中国重要的制度遗产是文化资本的重要组成部分。因此，本文研究以科举传统衡量的文化资本与企业创新之间的关系。科举传统有其优势和劣势，对于科举传承至今的理念究竟是促进当今企业创新还是抑制企业创新，现有文献未能提供相应的证据和解释。基于此，本文实证检验了以科举传统衡量的文化资本对企业创新的作用。结果表明，以科举传统衡量的文化资本会促进企业创新，且在民营企业和高新技术行业中文化资本更会促进企业创新。同时，通过以董事长和总经理籍贯地进士密度衡量文化资本、排除人口流动的影响、以太平天国运动影响时长作为文化资本的工具变量、细化文化资本衡量方式等，对文化资本与企业创新之间的关系进行稳健性检验，发现本文结论仍然成立。

本文研究的意义在于：第一，丰富和发展了宏观层面文化资本研究，为挖掘文化资本对国家治理、社会发展和企业经营的作用提供了重要参考；第二，为我们辩证地对待科举制度以及文化资本对企业创新的影响提供了理论依据，因此应积极弘扬中国传统文化精华，发挥传统文化的资本价值；第三，为促进改革创新、建设创新型社会提供了一个重要途径，也为鼓励企业创新提供了重要的理论参考，文化资本作为国家社会发展不竭的动力，是推动可持续发展的关键之处。

参考文献

边燕杰，丘海雄. 2000. 企业的社会资本及其功效. 中国社会科学，2：87 – 99.

布迪厄. 1997. 文化资本与社会炼金术. 包亚明，译. 上海：上海人民出版社.

蔡晓慧，茹玉骢. 2016. 地方政府基础设施投资会抑制企业技术创新吗？——基于中国制造业企业数据的经验研究. 管理世界，11：32 – 52.

陈思，何文龙，张然. 2017. 风险投资与企业创新：影响和潜在机制. 管理世界，1：158 – 169.

郝项超，梁琪，李政. 2018. 融资融券与企业创新：基于数量与质量视角的分析. 经济研究，6：129 – 143.

亨廷顿. 2017. 文明的冲突. 周琪等，译. 新华出版社.

李春玲. 2003. 社会政治变迁与教育机会不平等——家庭背景及制度因素对教育获得的影响（1940 – 2001）. 中国社会科学，4：86 – 98.

林毅夫，李永军 . 2001. 中小金融机构发展与中小企业融资 . 经济研究，1：10 - 18.

刘剑雄 . 2008. 企业家人力资本与中国私营企业制度选择和创新 . 经济研究，6：107 - 118.

刘善仕，孙博，葛淳棉 . 2017. 人力资本社会网络与企业创新——基于在线简历数据的实证研究 . 管理世界，7：94 - 104.

卢峰，姚洋 . 2004. 金融压抑下的法治、金融发展和经济增长 . 中国社会科学，1：42 - 55.

潘越，肖金利，戴亦一 . 2017. 文化多样性与企业创新：基于方言视角的研究 . 金融研究，10：150 - 165.

仇立平，肖日葵 . 2011. 文化资本与社会地位获得——基于上海市的实证研究 . 中国社会科学，6：122 - 136.

石晓军，王骜然 . 2017. 独特公司治理机制对企业创新的影响——来自互联网公司双层股权制的全球证据 . 经济研究，1：151 - 166.

王营，张光利 . 2018. 董事网络和企业创新：引资与引智 . 金融研究，6：193 - 210.

姚立杰，周颖 . 2018. 管理层能力、创新水平与创新效率 . 会计研究，6：70 - 77.

余琰，李怡宗 . 2016. 高息委托贷款与企业创新 . 金融研究，4：99 - 114.

张璇，刘贝贝，汪婷 . 2017. 信贷寻租、融资约束与企业创新 . 经济研究，5：163 - 176.

赵晶，孟维烜 . 2016. 官员视察对企业创新的影响——基于组织合法性的实证分析 . 中国工业经济，9：109 - 126.

Adhikari, B. K. & A. Agrawal. 2016. Religion, gambling attitudes and corporate innovation. *Journal of Corporate Finance*, 37（C）：229 - 248.

Allen, F. , J. Qian & M. Qian. 2005. Law, finance, and economic growth in China. *Journal of Financial Economics*, 77（1）：57 - 116.

Amore, M. D. , C. Schneider & A. Zaldokas. 2013. Credit supply and corporate innovation. *Journal of Financial Economics*, 109（3）：835 - 855.

Balsmeier, B. , L. Fleming & G. Manso. 2016. Independent boards and innovation. *Journal of Financial Economics*, 123（3）：536 - 557.

Beckerblease, J. R. 2011. Governance and innovation. *Journal of Corporate Finance*, 17（4）：947 - 958.

Bena, J. & K. Li. 2014. Corporate innovations and mergers and acquisitions. *Journal of Finance*, 69（5）：1923 - 1960.

Blessi, G. T. , D. G. Tremblay, M. Sandri & T. Pilati. 2012. New trajectories in urban regeneration processes：Cultural capital as source of human and social capital accumulation—Evidence from the case of Tohu in Montreal. *Cities*, 29（6）：397 - 407.

Bucci, A. , P. L. Sacco & G. Segre. 2014. Smart endogenous growth：Cultural capital and the creative use of skills. *International Journal of Manpower*, 35（1 - 2）：33 - 55.

Chang, X. , K. Fu & A. Low. 2015. Non - executive employee stock options and corporate innovation. *Journal of Financial Economics*, 115（1）：168 - 188.

Chen, T. , K. S. Kung & C. Ma. 2020. Long live Keju! The persistent effects of China's imperial examination system. *The Economic Journal*, 130：2030 - 2064.

Cheng, S. W. 2006. Cultural goods creation, cultural capital formation, provision of cultural services and cultural atmosphere accumulation. *Journal of Cultural Economics*, 30 (4): 263 – 286.

Dimaggio, P. 1982. Cultural capital and school success: The impact of status culture participation on the grades of U. S. high school students. *American Sociological Review*, 47 (2): 189 – 201.

Katsillis, J. & R. Rubinson. 1990. Cultural capital, student achievement, and educational reproduction: The case of Greece. *American Sociological Review*, 55 (1): 270 – 279.

Nan, D. D. G. , P. M. D. Graaf & G. Kraaykamp. 2000. Parental cultural capital and educational attainment in the netherlands: A refinement of the cultural capital perspective. *Sociology of Education*, 73 (2): 92 – 111.

Reeves, A. & R. De Vries. 2019. Can cultural consumption increase future earnings? Exploring the economic returns to cultural capital?. *British Journal of Sociology*, 70 (1): 214 – 240.

Shiue, C. H. 2017. Human capital and fertility in Chinese clans before modern growth. *Journal of Economic Growth*, 22 (1): 351 – 396.

Teachman, J. D. 1987. Family background, educational resources, and educational attainment. *American Sociological Review*, 52 (4): 548 – 557.

Wdowiak, M. A. , E. J. Schwarz & B. R. W. Wright. 2012. Linking the cultural capital of the entrepreneur and early performance of new ventures: A cross – country comparison. *Journal for East European Management Studies*, 17 (1): 149 – 183.

Wu, Y. 2008. Cultural capital, the state, and educational inequality in China, 1949—1996. *Sociological Perspectives*, 51 (1): 201 – 227.

Cultural Capital and Enterprise Innovation:

From the Perspective of Imperial Examination Tradition

Hongxia Zhang, Yue Shao, Guangyong Lei

Abstract: Cultural capital is not only the fundamental driving force to promote a country's social and economic development, but also the key to find national cultural confidence. It is helpful to solve the deep-seated problems of sustainable development of China's economy and society to investigate the mechanism of cultural capital on enterprise innovation and its differential influence on various types of enterprises. In this paper, the imperial examination tradition measured by Jinshi density is used as a substitute variable of cultural capital. Using the data of A-share listed companies from 2003 to 2017, the internal relationship between cultural capital and enterprise innovation is investigated. The results show that cultural capital can indeed promote the innovation of contemporary China's enterprises; Furthermore, this conclusion is more obvious in private enterprises and high-tech industries. Finally, we test the robustness of the relationship between cultural capital and enterprise innovation by selecting the Jinshi density of the birthplace of the chairman and general manager to measure culture capital, excluding the impact of population mobility, taking the influence time of the Taiping Heavenly Kingdom movement as the instrumental variable of cultural capital, and refining the measurement method of cultural capital, and so on. The conclusion of this paper is still valid. The conclusion of this paper not only helps us to correctly evaluate the imperial examination tradition and tap the contemporary value of traditional cultural capital, but also helps to condense and enhance national cultural self-confidence, which is of great value to promote the sustainable development of China's economy and society.

Keywords: Cultural Capital; Enterprise Innovation; Imperial Examination Tradition

《会计论坛》撰稿须知

　　《会计论坛》是由中南财经政法大学会计研究所主办的会计类专业学术理论刊物，于 2002 年 5 月创刊，主要刊载会计、财务与审计领域里的最新理论研究成果，同时也兼顾实务性的有价值的研究成果，热忱欢迎国内外作者赐稿。为方便作者撰稿，特做如下约定。

　　1. 来稿要求。来稿须观点鲜明，主题突出。本刊适用的文章大致有以下三个方面的基本要求：第一是学术性，即要有新观点、新思路、新方法和新资料；第二是思想性，即要有一定理论水平和较强思辨性；第三是前沿性与导向性，即要能够充分关注和反映会计学界最前沿的理论动态和信息，如介绍和宣传会计学界较有影响的科研学术信息和观点综述以及会计领域某一学科的发展研究报告等。

　　2. 来稿篇幅。学术论文一般控制在 15000 字左右（含注释与参考文献）。

　　3. 来稿信息。应包括两个方面的内容。

　　（1）基本信息。含作者署名、工作单位、作者简况（姓名、出生年月、籍贯、学位、职称、现工作单位、主要职衔、主要研究方向和主要科研成果等重要信息）、通信地址、电话、传真、电子信箱等；若系基金资助项目，请注明项目的名称、来源与编号。

　　（2）学术论文。应包括以下 8 个方面的内容。

　　①论文标题（不超过 20 个汉字，中英文）。

　　②作者署名（中英文）。

　　③论文摘要（300 字以内，中英文）。

　　④关键词（3~5 个，中英文）。

　　⑤正文。采用文科编排规范，其一级标题标号为"一、""二、"……，二级标题标号为"（一）""（二）"……，三级标题标号为"1.""2."……。文中图、表和公式均用阿拉伯数字连续编号，如图 1、图 2 和表 1、表 2，以及（1）（2）等。图和表应有简短确切的名称，图号图名应置于图下，表名表号置于表上，公式号置于右侧。

　　⑥附注。采用页下注形式，每页重新编号。

　　⑦参考文献。请列于文末，具体要求如下。

　　A. 列示范围。仅限于作者直接阅读过的、引用在论文中的文献。

B. 引用方式。论文中引用参考文献的，应使用"著者－出版年制"，如："会计法律制度体系建立问题决非一个单粹孤立起来从会计职业或专业本身所考虑与设计的问题"（郭道扬，2001）。对于在论文中所提及的参考文献，应当与文末所列的中外参考文献一一对应。

C. 列示顺序。基本要求为中文在前，英文在后，中文文献按第一作者姓氏的拼音为序排列，英文及其他西文文献按第一作者姓氏的字母顺序排列，第一作者相同的文献按发表的时间先后顺序排列，同一作者同一年份内的文献多于 1 篇时，可在年份后加 a、b 等字母加以区别，如 1999a、1999b 等。

D. 排列格式。基本要求如下。

期刊：著者．出版年．题（篇）名．刊名，卷（期）：页码．

书籍：著者．出版年．书名．版本．出版地：出版者，页码．

论文集：著者．出版年．题（篇）名．见（in）：论文集编者．文集名．出版地：出版者，页码．

⑧鸣谢及其他信息。主要是表达对论文形成过程相关支持者的感谢及其他信息。

4. 来稿采用。来稿经采用后，将酌付稿酬，并赠样刊两本。为适应我国信息化建设，扩大本刊与作者知识信息交流渠道，本刊已被中国知网、万方数据、维普资讯和超星等全文数据库收录，其作者文章著作权使用费与本刊稿酬一次性给付。作者向本刊投稿的行为即视为同意我刊上述声明。

5. 收稿地址。湖北省武汉市东湖高新技术开发区南湖大道 182 号，中南财经政法大学会计学院（南湖校区文泉楼 A607 室）《会计论坛》编辑部；邮政编码：430073。欢迎用电子信箱投稿，电子信箱：kjltzuel@ foxmail. com。

图书在版编目（CIP）数据

会计论坛. 2021 年. 第 20 卷. 第 2 辑 / 中南财经政法
大学会计研究所编. －－北京：社会科学文献出版社，
2022.1

ISBN 978 - 7 - 5201 - 9709 - 0

Ⅰ.①会…　Ⅱ.①中…　Ⅲ.①会计学 - 文集　Ⅳ.
①F230 - 53

中国版本图书馆 CIP 数据核字（2022）第 024296 号

会计论坛（第 20 卷，第 2 辑，2021 年）

编　　者／中南财经政法大学会计研究所

出 版 人／王利民
责任编辑／田　康
责任印制／王京美

出　　版／社会科学文献出版社·经济与管理分社（010）59367226
　　　　　　地址：北京市北三环中路甲 29 号院华龙大厦　邮编：100029
　　　　　　网址：www. ssap. com. cn
发　　行／社会科学文献出版社（010）59367028
印　　装／三河市东方印刷有限公司

规　　格／开　本：787mm×1092mm　1/16
　　　　　　印　张：10.75　字　数：221 千字
版　　次／2022 年 1 月第 1 版　2022 年 1 月第 1 次印刷
书　　号／ISBN 978 - 7 - 5201 - 9709 - 0
定　　价／78.00 元

读者服务电话：4008918866